**McGRAW-HILL • LECTURA**

# Cuaderno de fonética/ Conciencia fonémica

## Grado K

**McGraw-Hill School Division**

New York    Farmington

# Contenido

## Unidad 6

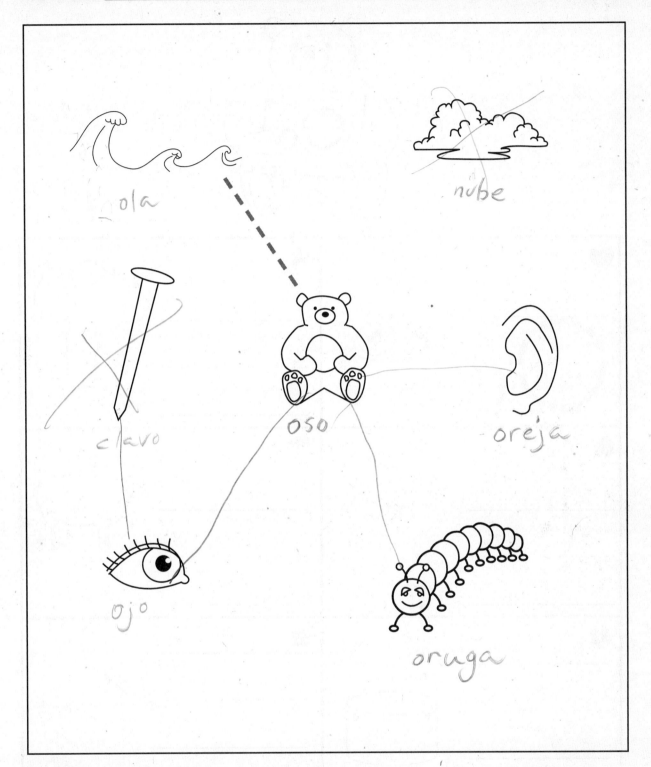

ola

nube

clavo

oso

oreja

ojo

oruga

Nombra cada figura. Traza una línea que una los dibujos que tengan el sonido /o/ al principio de la palabra, con la figura del oso.

Nombra cada figura. Si la palabra comienza con el mismo sonido que la palabra *oso*, escribe *Oo* sobre el renglón.

Nombra los dibujos de cada casillero. Traza un círculo alrededor de la figura que termina con el mismo sonido que *oso*.

Nombra cada figura. Traza un círculo alrededor de la *o* si el nombre de la figura termina con el mismo sonido que *oso*.

Traza y escribe *Oo*. Luego, traza un círculo alrededor de los dibujos que tengan el sonido /o/ al principio de su nombre, como la palabra *oso*.

Traza y escribe *Oo* sobre los renglones.

Nombra cada figura. Traza una línea que una los dibujos
que tengan el sonido /a/ al principio de la palabra, con la
figura de la abeja.

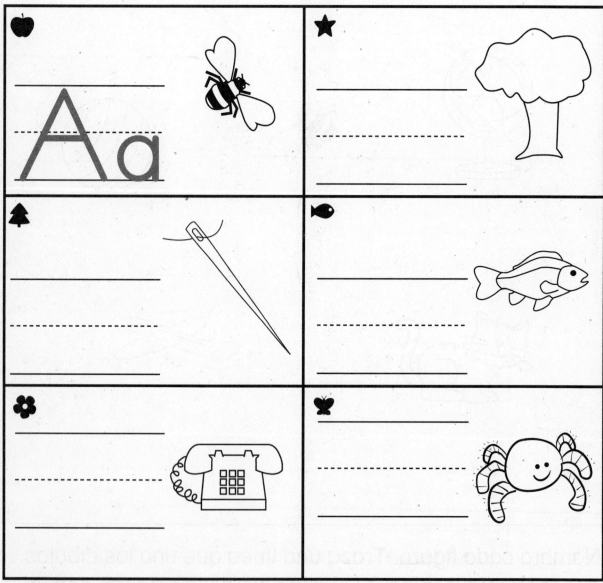

Nombra cada figura. Si la palabra comienza con el mismo sonido que la palabra *ala*, escribe *Aa* sobre el renglón.

Nombra los dibujos de cada casillero. Traza un círculo alrededor de la figura que termina con el mismo sonido que *abeja*.

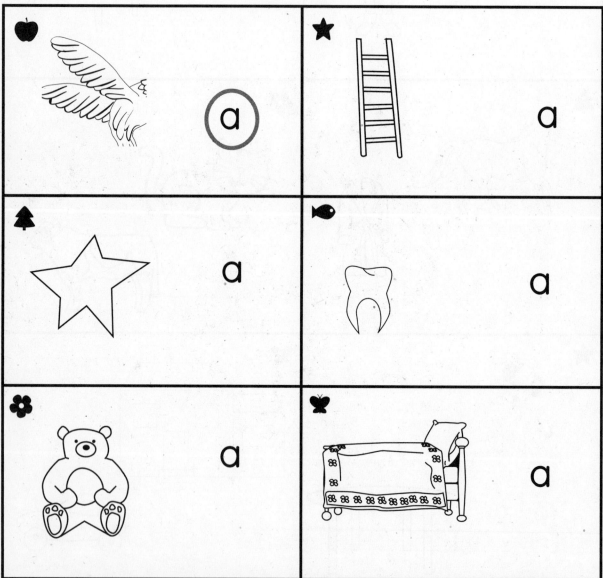

Nombra los dibujos de cada casillero. Traza un círculo alrededor de la *a* si el nombre de la figura termina con el mismo sonido que *abeja*.

A

a

Traza y escribe *Aa*. Luego, traza un círculo alrededor de
los dibujos que tengan el sonido /a/ al principio de su
nombre, como la palabra *abeja*.

Nombre ________________________________

Aa

Aa

Aa

Aa

Aa

Aa

Aa

Traza y escribe *Aa* sobre los renglones.

Nombra cada figura. Traza una línea que una los dibujos
que tengan el sonido /e/ al principio de la palabra, con la
figura del elefante.

Nombra cada figura. Si la palabra comienza con el mismo sonido que la palabra *elefante,* escribe *Ee* sobre el renglón.

Nombra los dibujos de cada casillero. Traza un círculo alrededor de la figura que termina con el mismo sonido que *puente*.

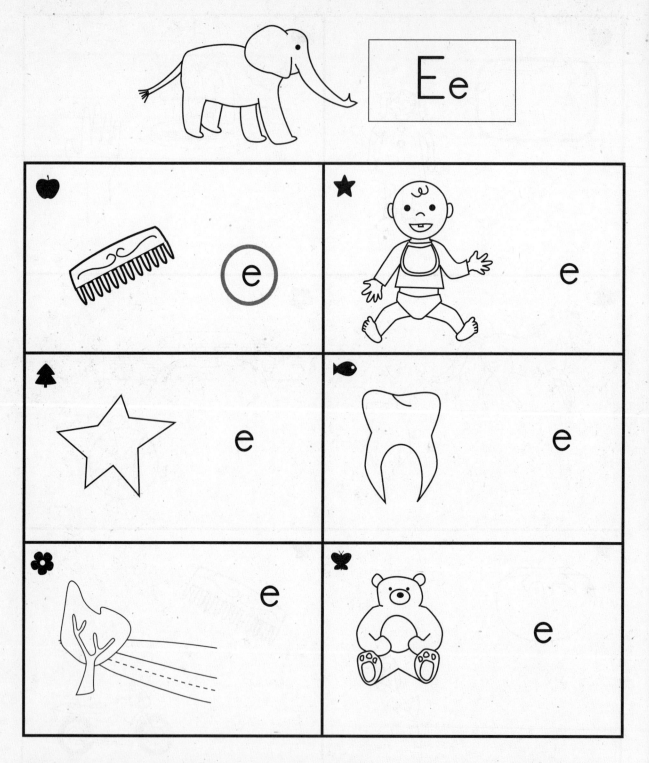

Ee

Nombra los dibujos de cada casillero. Traza un círculo alrededor de la *e* si el nombre de la figura termina con el mismo sonido que *elefante*.

E

e

Traza y escribe *Ee.* Luego, traza un círculo alrededor de
los dibujos que tengan el sonido /e/ al principio de su
nombre, como la palabra *elefante.*

Nombre ____________________

Ee

Ee

Ee

Ee

Ee

Ee

Ee

Traza y escribe *Ee* sobre los renglones.

Nombra cada figura. Traza una línea que una los dibujos que tengan el sonido /i/ al principio de la palabra, con la figura del imán.

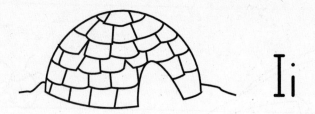

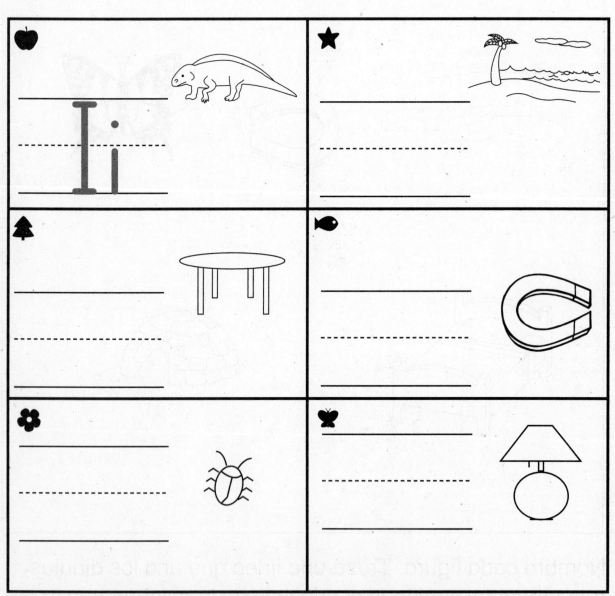

Nombra cada figura. Si la palabra comienza con el mismo sonido que la palabra iglú, escribe Ii sobre el renglón.

I

i

Traza y escribe Ii. Luego, traza un círculo alrededor de los dibujos que tengan el sonido /i/ al principio de su nombre, como la palabra iguana.

Traza y escribe Ii sobre los renglones.

Nombra cada figura. Traza una línea que una los dibujos que tengan el sonido /u/ al principio de la palabra, con la figura de las uvas.

Uu

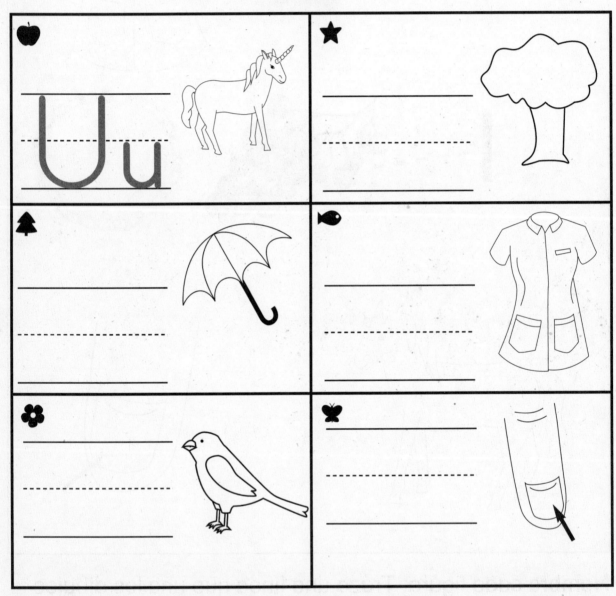

Nombra cada figura. Si la palabra comienza con el mismo sonido que la palabra uva, escribe Uu sobre el renglón.

U

u

Traza y escribe Uu. Luego, traza un círculo alrededor de los dibujos que tengan el sonido /u/ al principio de su nombre, como la palabra uvas.

Nombre ____________________

Uu

Uu

Uu

Uu

Uu

Uu

Uu

Traza y escribe Uu sobre los renglones.

Nombra cada figura. Traza un círculo alrededor de los
dibujos cuyos nombres comienzan con a, e, i, o, u.

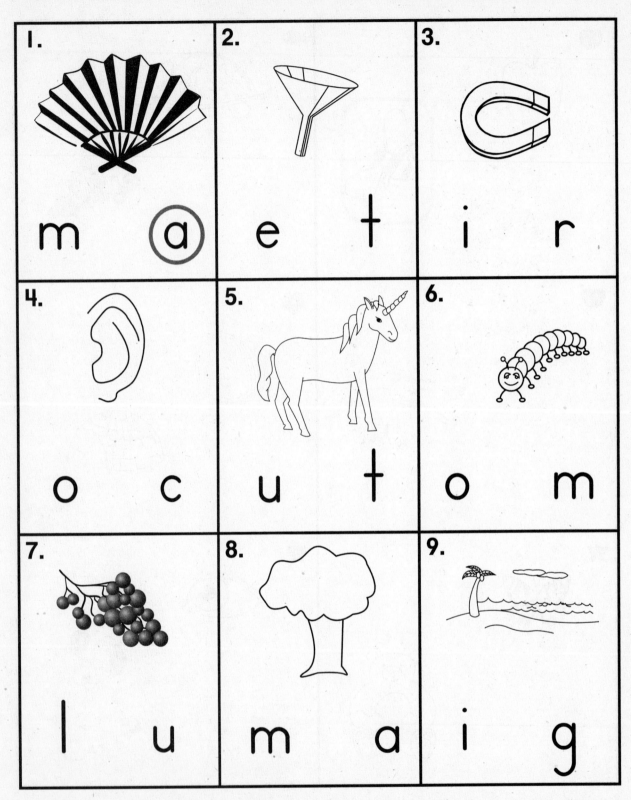

**1.** m @ a

**2.** e t i

**3.** i r

**4.** o c

**5.** u t o

**6.** t o m

**7.** l u

**8.** m a

**9.** i g

Nombra cada figura. Traza un círculo alrededor de la letra con la que comience cada palabra.

Nombra cada figura. Traza una línea que una los dibujos
que tengan el sonido /m/ al principio de la palabra, con la
figura de la mariposa.

Nombra cada figura. Si la palabra comienza con el mismo sonido que la palabra *manzana*, escribe *Mm* sobre el renglón.

**M** m

m ⌣ a
ma

m ⌣ e

m ⌣ i

m ⌣ o

m ⌣ u

Nombra la figura. Combina el sonido /m/ con el sonido /a/.
Luego, escribe la sílaba *ma.* Haz lo mismo con las otras
vocales.

Nombre_____

Mi mamá

me ama.

Mi mamá

me mima.

Lee las palabras. Traza y escribe las oraciones.

M

m

Traza y escribe *Mm.* Luego, traza un círculo alrededor de los dibujos que tengan el sonido /m/ al principio de su nombre, como la palabra *mariposa*.

Nombre

Mm

Mm

Mm

Mm

Mm

Mm

Mm

Traza y escribe *Mm* sobre los renglones.

Nombra cada figura. Traza una línea que una los dibujos que tengan el sonido /p/ al principio de la palabra, con la figura del pato.

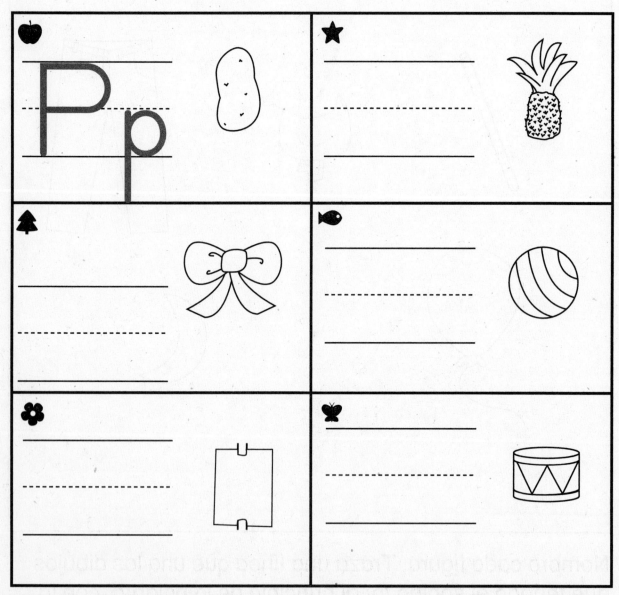

Nombra cada figura. Si la palabra comienza con el mismo sonido que la palabra *perro,* escribe *Pp* sobre el renglón.

Nombra la figura. Combina el sonido /p/ con el sonido /a/.
Luego, escribe la sílaba *pa*. Haz lo mismo con las otras
vocales.

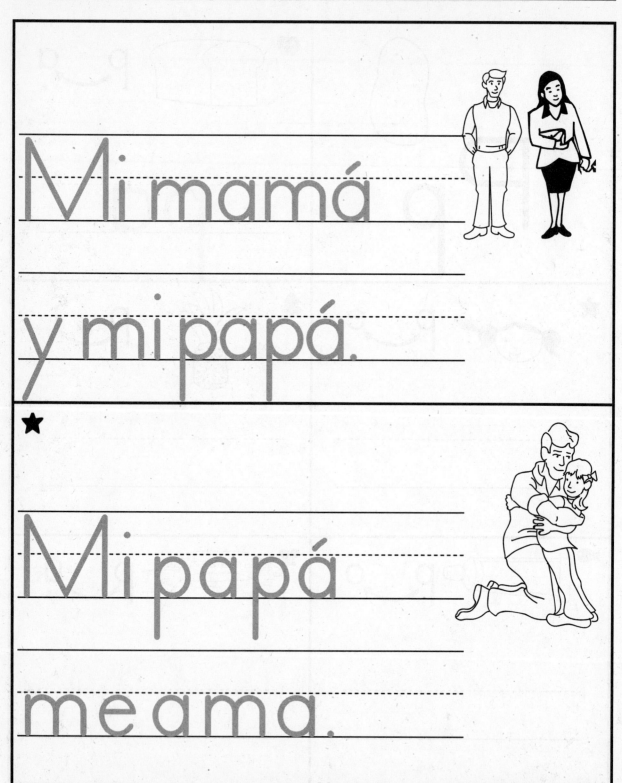

Mi mamá

y mi papá.

★

Mi papá

me ama.

Lee las palabras. Traza y escribe las oraciones.

P

p

Traza y escribe *Pp*. Luego, traza un círculo alrededor de los dibujos que tengan el sonido /p/ al principio de su nombre, como la palabra *pelota*.

Nombre ______________________

Pp

Pp

Pp

Pp

Pp

Pp

Pp

Traza y escribe *Pp* sobre los renglones.

Nombra cada figura. Traza una línea que una los dibujos que tengan el sonido /t/ al principio de la palabra, con la figura del tomate.

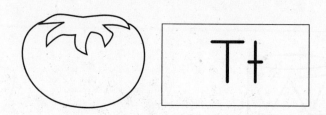

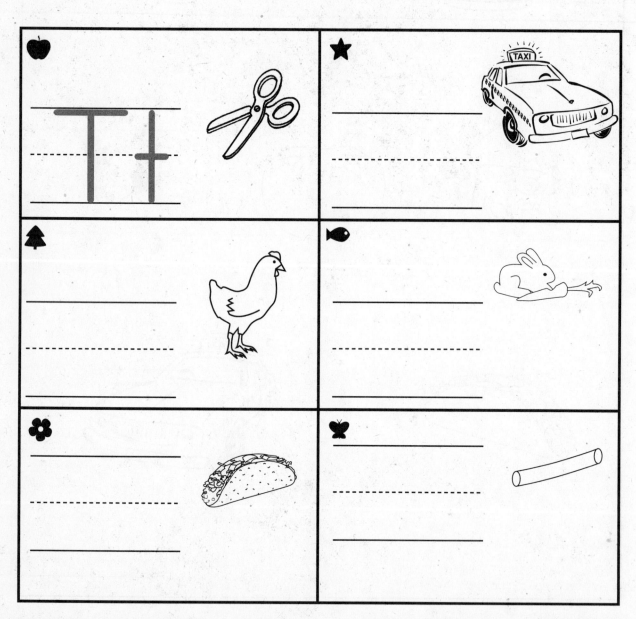

Nombra cada figura. Si la palabra comienza con el mismo sonido que la palabra *tomate,* escribe *Tt* sobre el renglón.

Nombra la figura. Combina el sonido /t/ con el sonido /a/. Luego, escribe la sílaba *ta*. Haz lo mismo con las otras vocales.

| topo | tapa | pato | mata | pote | pata |
|------|------|------|------|------|------|

**1.**

topo

**2.**

**3.**

**4.**

**5.**

**6.**

Lee las palabras del casillero superior. Luego, mira los dibujos. Escribe las palabras que nombran cada dibujo.

Nombre_____

T

t

Traza y escribe *Tt.* Luego, traza un círculo alrededor de los dibujos que tengan el sonido /t/ al principio de su nombre, como la palabra *tortuga*.

8 | Unidad 2 **Kindergarten**

Escritura **45**

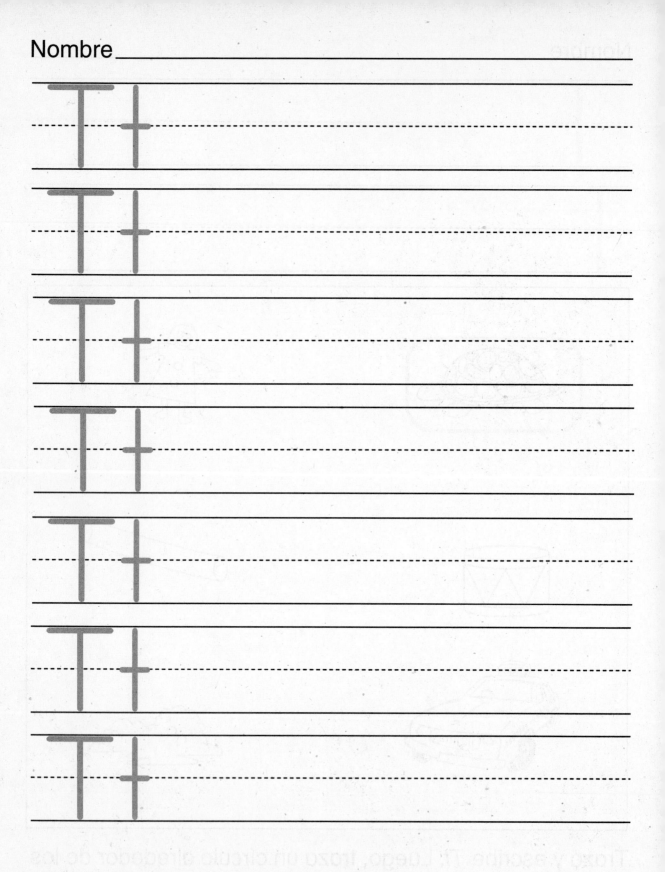

Traza y escribe *Tt* sobre los renglones.

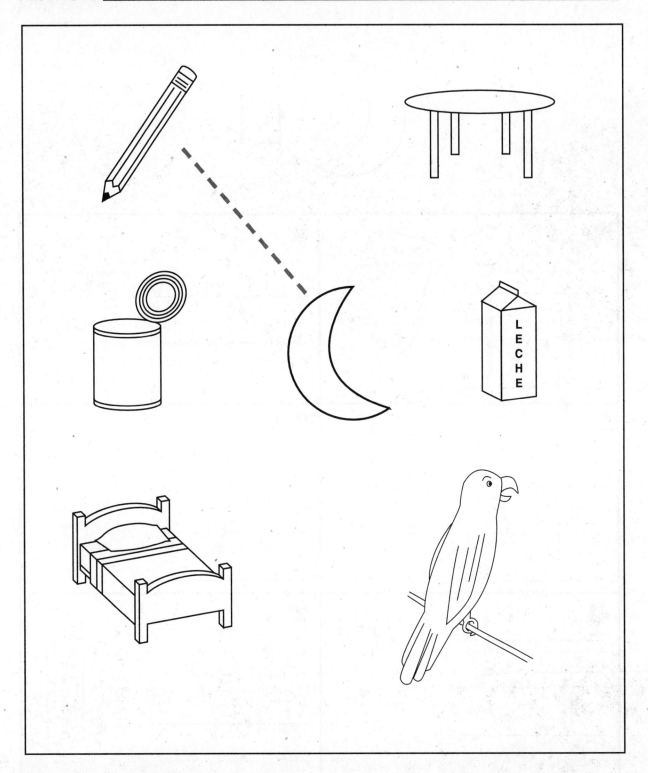

Nombra cada figura. Traza una línea que una los dibujos que tengan el sonido /l/ al principio de la palabra, con la figura de la luna.

Ll

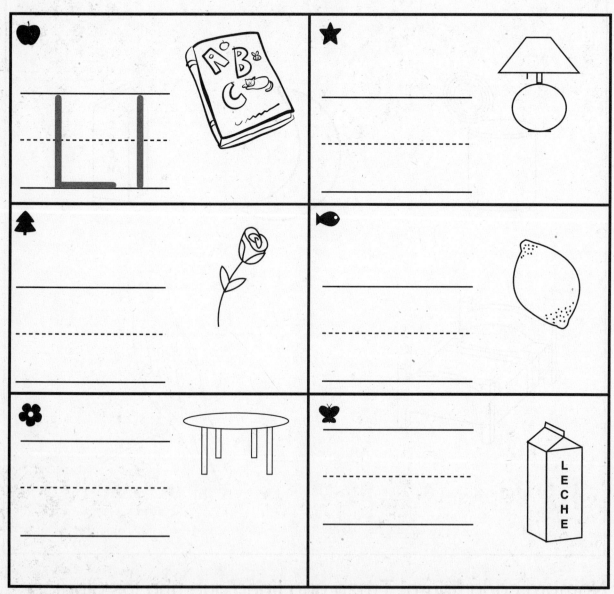

Nombra cada figura. Si la palabra comienza con el mismo sonido que la palabra **luna,** escribe **Ll** sobre el renglón.

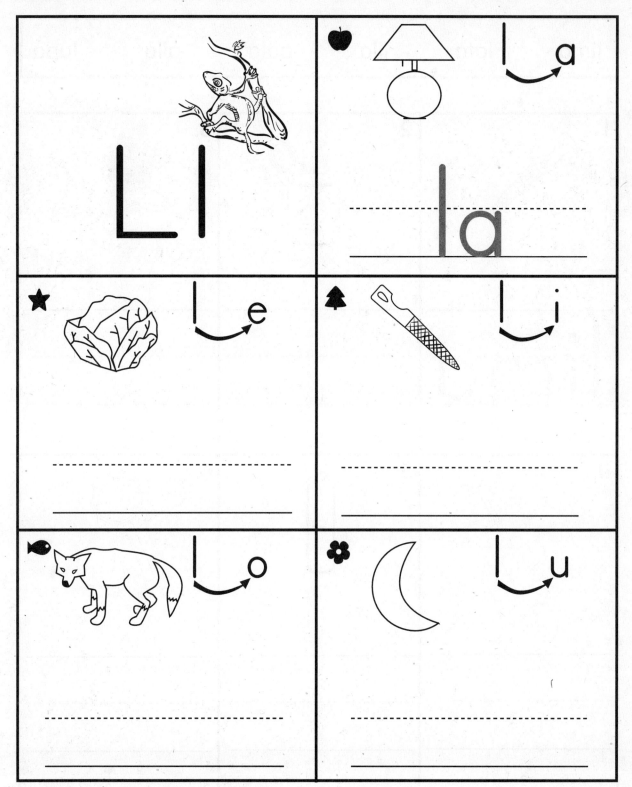

Nombra la figura. Combina el sonido /l/ con el sonido /a/.
Luego, escribe la sílaba **la.** Haz lo mismo con las otras
vocales.

| lima | lata | lila | pala | pila | lupa |

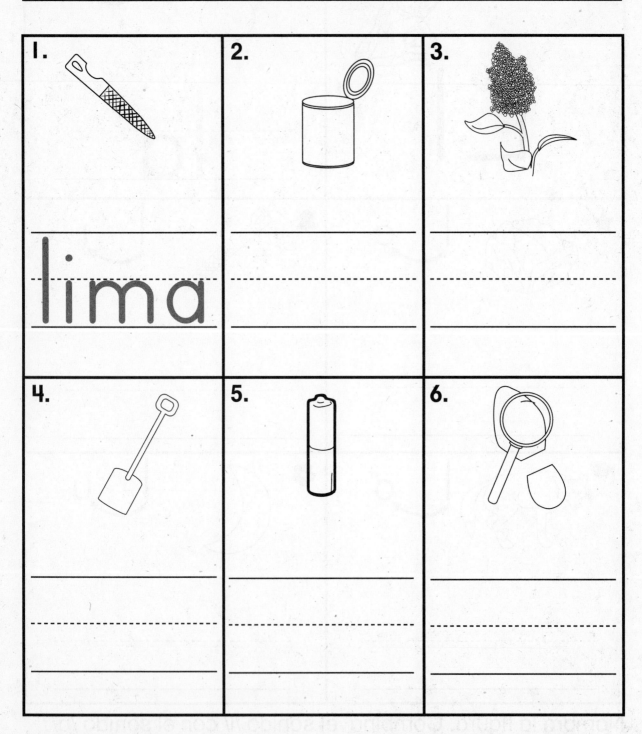

**I.**

lima

**2.**

**3.**

**4.**

**5.**

**6.**

Lee las palabras del casillero superior. Luego, mira los dibujos. Escribe las palabras que nombran cada dibujo.

Nombre _____

Traza y escribe **L l.** Luego, traza un círculo alrededor de
los dibujos que tengan el sonido /l/ al principio de su
nombre, como la palabra **luna.**

Traza y escribe **L l** sobre los renglones.

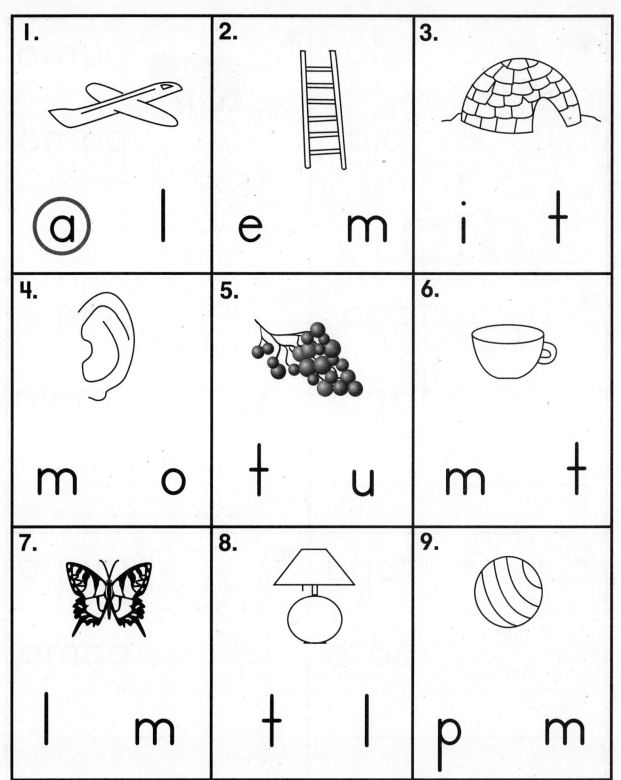

| 1. | 2. | 3. |
|---|---|---|
| ⓐ l | e m | i t |
| 4. | 5. | 6. |
| m o | t u | m t |
| 7. | 8. | 9. |
| l m | t l | p m |

Nombra cada figura. Traza un círculo alrededor de la letra con la que comienza el nombre del dibujo.

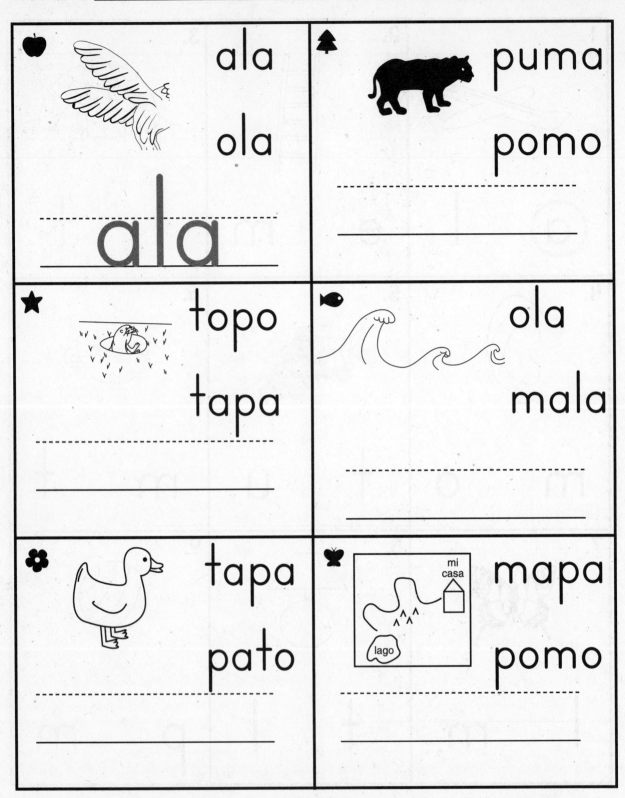

ala
ola

**ala**

puma
pomo

topo
tapa

ola
mala

tapa
pato

mapa
pomo

mi casa

lago

Lee la palabra. Traza un círculo alrededor de la palabra
que corresponda con el dibujo. Luego, escribe la palabra.

Nombra cada figura. Traza una línea que una los dibujos que tengan el sonido /s/ al principio de la palabra, con la figura del sapo.

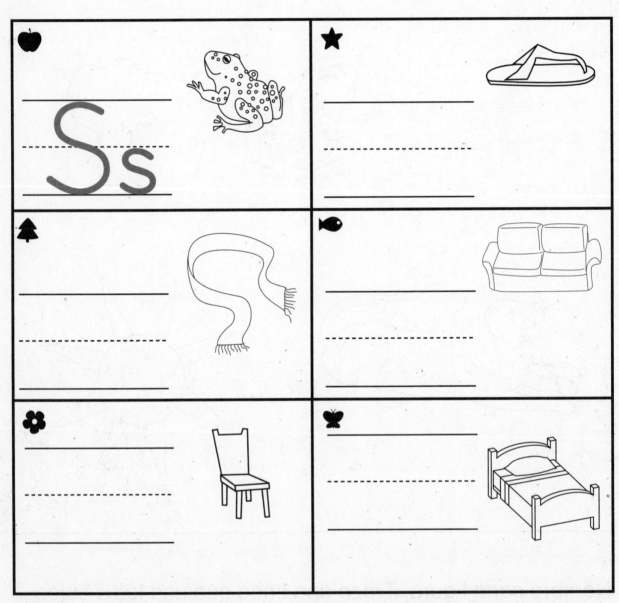

Nombra cada figura. Si la palabra comienza con el mismo sonido que la palabra **sol,** escribe **Ss** sobre el renglón.

Ss

s ⌢ a

sa

s ⌢ e

s ⌢ i

s ⌢ o

s ⌢ u

Nombra la figura. Combina el sonido /s/ con el sonido /a/.
Luego, escribe la sílaba **sa**. Haz lo mismo con las otras
vocales.

| sapo | sopa | mesa | pesa | pasa | sol |
|------|------|------|------|------|-----|

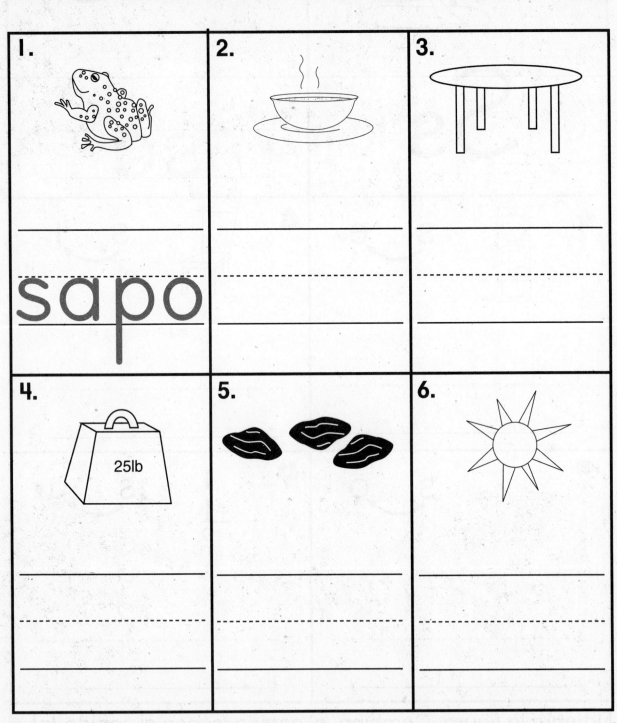

**1.**

sapo

**2.**

**3.**

**4.**

25lb

**5.**

**6.**

Lee las palabras del casillero superior. Luego, mira los dibujos. Escribe las palabras que nombran cada dibujo.

S

s

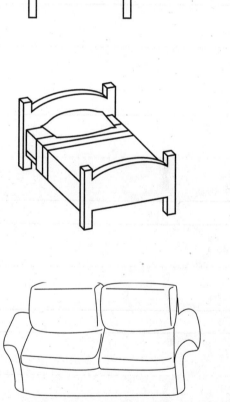

Traza y escribe **Ss.** Luego, traza un círculo alrededor de los dibujos que tengan el sonido /s/ al principio de su nombre, como la palabra **sapo.**

Nombre

Ss

Ss

Ss

Ss

Ss

Ss

Ss

Traza y escribe **Ss** sobre los renglones.

Nombra cada figura. Traza una línea que una los dibujos que tengan el sonido /n/ al principio de la palabra, con la figura del nido.

Nn

Nombra cada figura. Si la palabra comienza con el mismo sonido que la palabra **nido,** escribe **Nn** sobre el renglón.

Nombra la figura. Combina el sonido /n/ con el sonido /a/. Luego, escribe la sílaba **na**. Haz lo mismo con las otras vocales.

| mano | nena | nido | nudo | mono | nene |
|------|------|------|------|------|------|

**1.**

mano

**2.**

**3.**

**4.**

**5.**

**6.**

Lee las palabras del casillero superior. Luego, mira los dibujos. Escribe las palabras que nombran cada dibujo.

N

n

Traza y escribe **Nn.** Luego, traza un círculo alrededor de los dibujos que tengan el sonido /n/ al principio de su nombre, como la palabra **nido.**

Nombre

Nn

Nn

Nn

Nn

Nn

Nn

Nn

Traza y escribe **Nn** sobre los renglones.

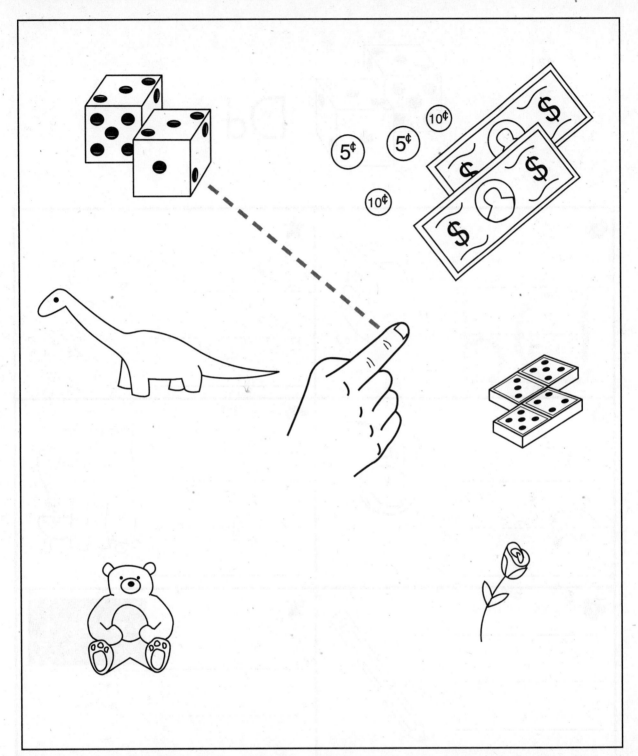

Nombra cada figura. Traza una línea que una los dibujos que tengan el sonido /d/ al principio de la palabra, con la figura del dedo.

Dd

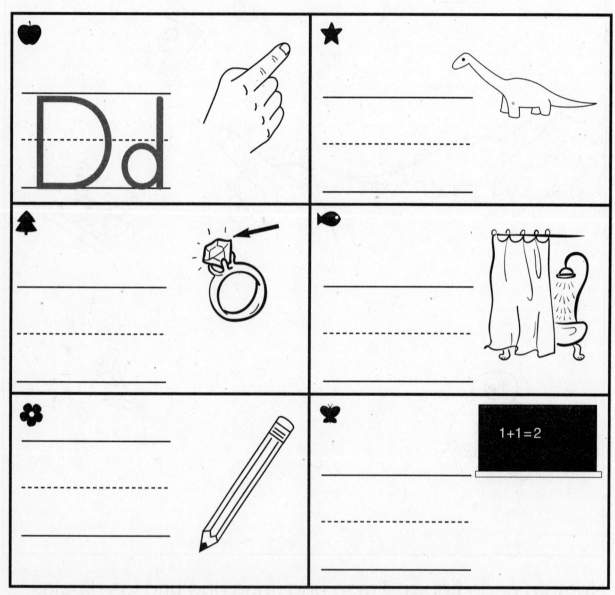

Nombra cada figura. Si la palabra comienza con el mismo sonido que la palabra *dado,* escribe *Dd* sobre el renglón.

Nombra la figura. Combina el sonido /d/ con el sonido /a/. Luego, escribe la sílaba *da*. Haz lo mismo con las otras vocales.

Nombre_____

| dedo | nudo | dado | dama | dos | dominó |

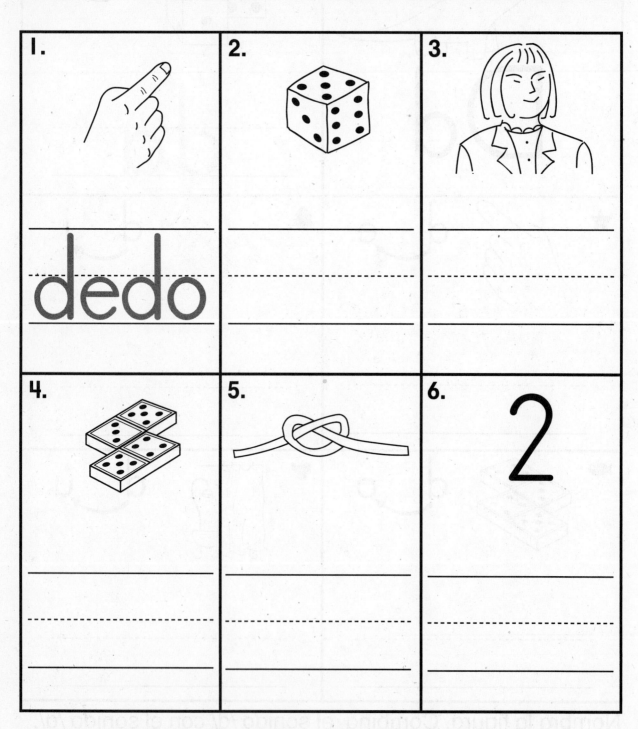

**1.**

dedo

**2.**

**3.**

**4.**

**5.**

**6.**

2

Lee las palabras del casillero superior. Luego, mira los dibujos. Escribe las palabras que nombran cada dibujo.

D

d

Traza y escribe *Dd.* Luego, traza un círculo alrededor de los dibujos que tengan el sonido /d/ al principio de su nombre, como la palabra *dados.*

Nombre ____________________

Dd

Dd

Dd

Dd

Dd

Dd

Dd

Traza y escribe *Dd* sobre los renglones.

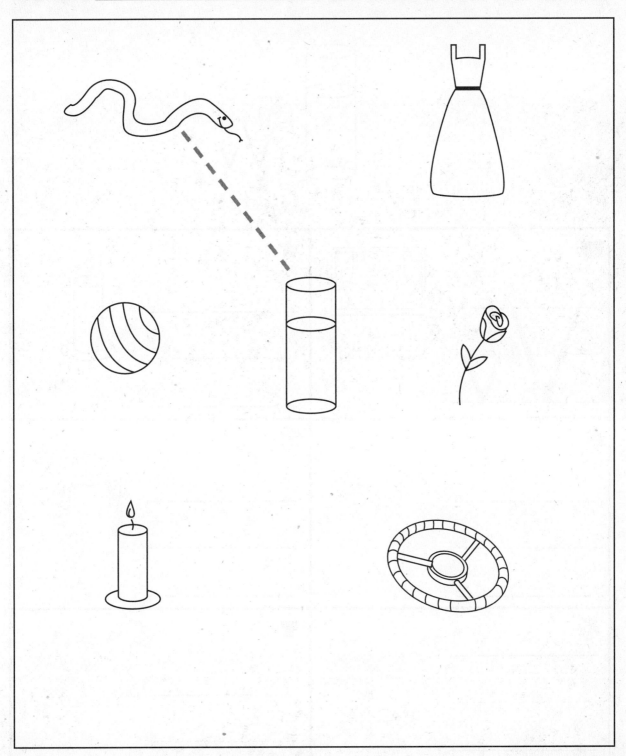

Nombra cada figura. Traza una línea que una los dibujos que tengan el sonido /b/ *v* al principio de la palabra, con la figura del vaso.

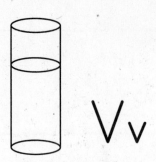

Vv

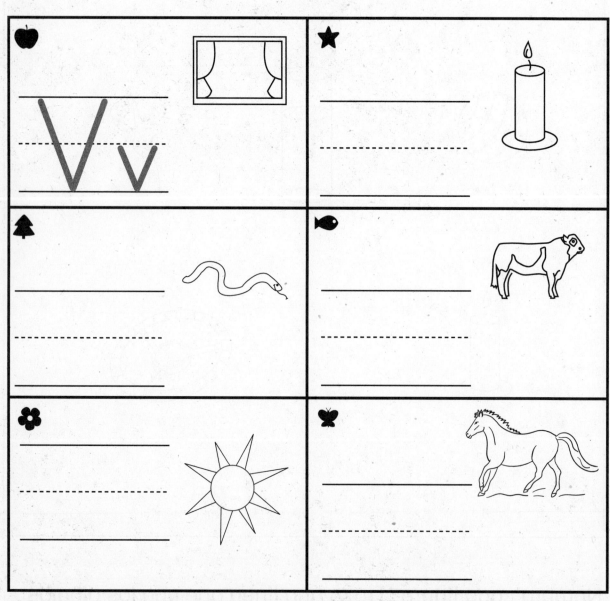

Nombra cada figura. Si la palabra comienza con el mismo sonido que la palabra *vaso,* escribe *Vv* sobre el renglón.

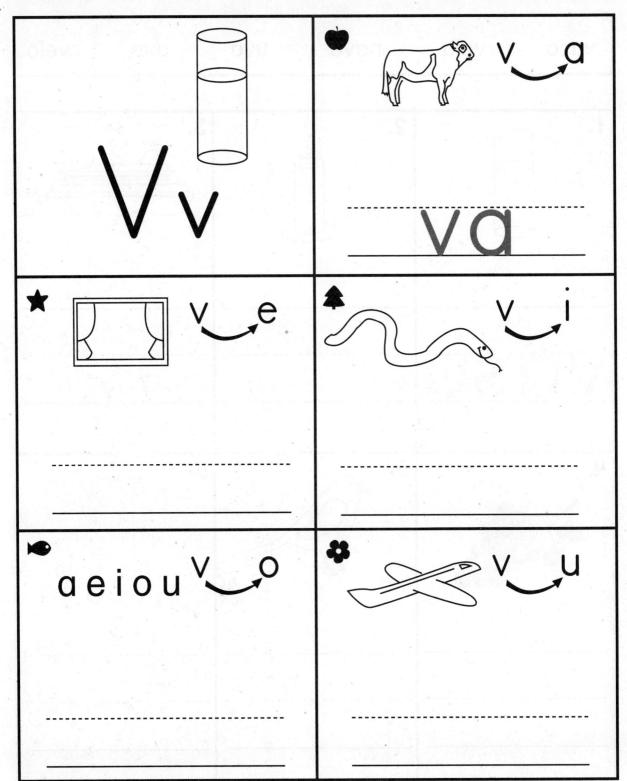

V v

v ⌣ a

va

v ⌣ e

v ⌣ i

a e i o u v ⌣ o

v ⌣ u

Nombra la figura. Combina el sonido /v/ con el sonido /a/. Luego, escribe la sílaba *va*. Haz lo mismo con las otras vocales.

| vaso | vela | nave | uva | ave | velo |

**1.**

**vaso**

**2.**

**3.**

**4.**

**5.**

**6.**

Lee las palabras del casillero superior. Luego, mira los dibujos. Escribe las palabras que nombran cada dibujo.

V

V

Traza y escribe *Vv*. Luego, traza un círculo alrededor de los dibujos que tengan el sonido /b/v al principio de su nombre, como la palabra *vaso*.

Traza y escribe *Vv* sobre los renglones.

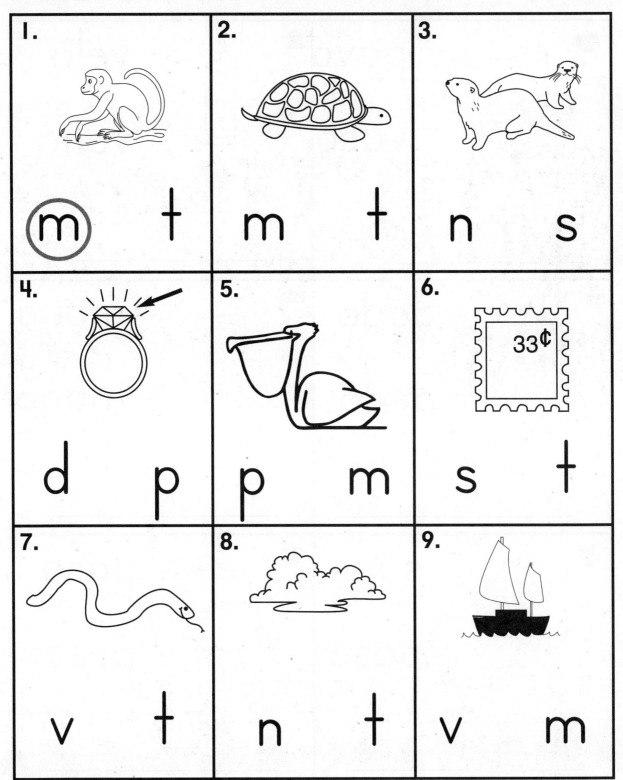

| 1. | 2. | 3. |
|---|---|---|
| (m)   t | m   t | n   s |
| **4.** | **5.** | **6.** |
| d   p | p   m | s   t |
| **7.** | **8.** | **9.** |
| v   t | n   t | v   m |

Nombra cada figura. Traza un círculo alrededor de la letra
con la que comienza el nombre del dibujo.

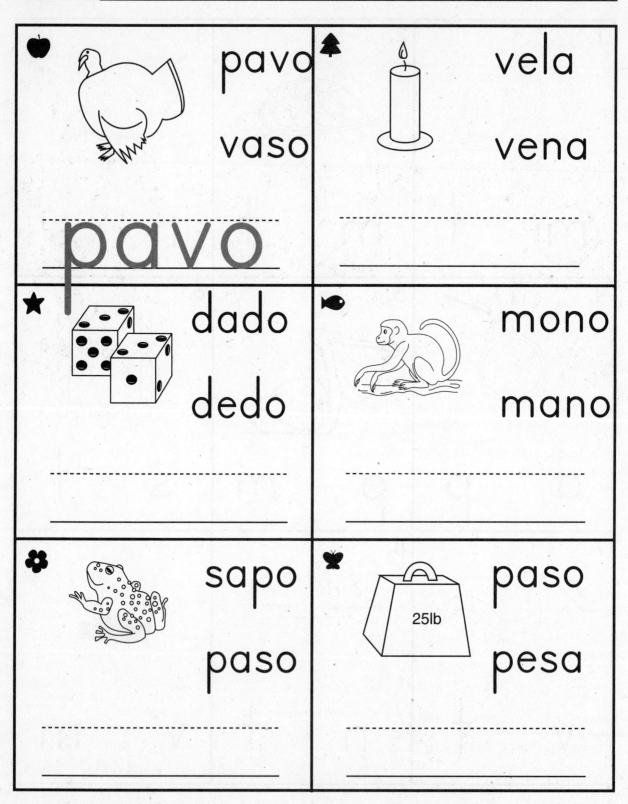

| 🍎 pavo / vaso | 🌲 vela / vena |
|---|---|
| **pavo** | |
| ⭐ dado / dedo | 🐟 mono / mano |
| 🌸 sapo / paso | 🦋 paso / pesa |

Lee la palabra. Traza un círculo alrededor de la palabra
que corresponda con el dibujo. Luego, escribe la palabra.

Nombra cada figura. Traza una línea que una los dibujos que tengan el sonido /f/ al principio de la palabra, con la figura de la foca.

Nombra cada figura. Si la palabra comienza con el mismo sonido que la palabra *foca*, escribe *Ff* sobre el renglón.

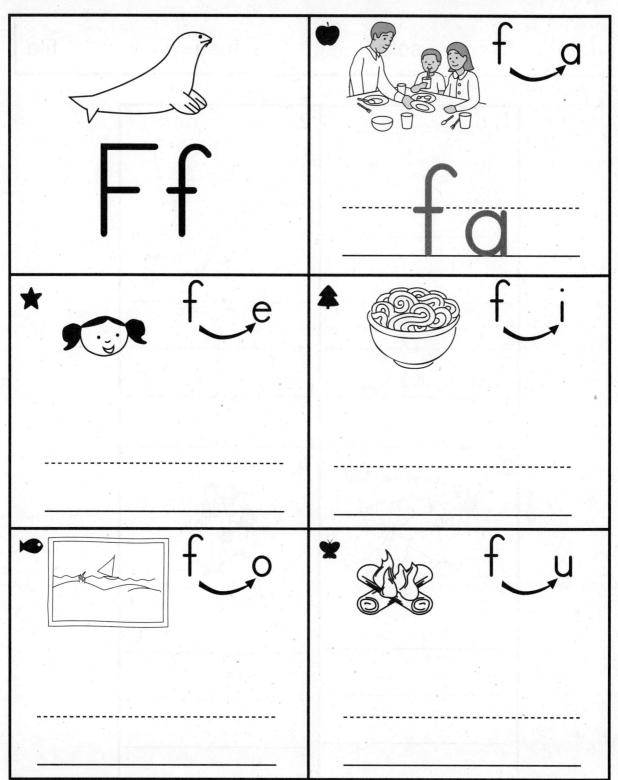

Nombra la figura. Combina el sonido /f/ con el sonido /a/. Luego, escribe la sílaba *fa.* Haz lo mismo con las otras vocales.

| foto | sofá | fosa | fila |
|------|------|------|------|

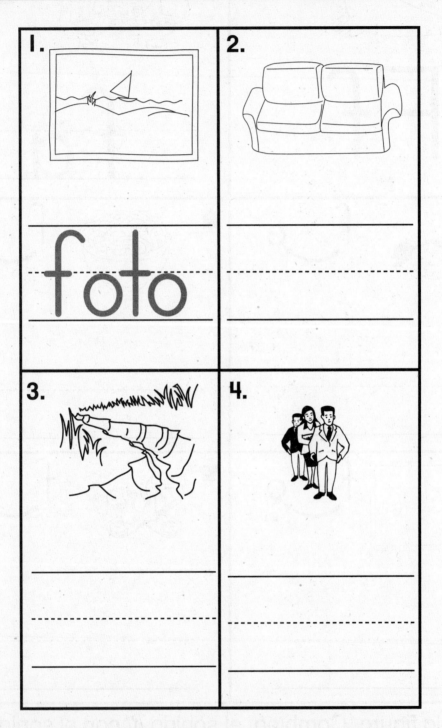

1.

foto

2.

3.

4.

Lee las palabras del casillero superior. Luego, mira los dibujos. Escribe las palabras que nombran cada dibujo.

F

F

f

f

Traza y escribe *Ff*. Luego, traza un círculo alrededor de los dibujos que tengan el sonido /f/ al principio de su nombre, como la palabra *foca*.

Traza y escribe *Ff* sobre los renglones.

Nombra cada figura. Traza una línea que una los dibujos que tengan el sonido /b/ al principio de la palabra con la figura del bebé.

Nombra cada figura. Si la palabra comienza con el mismo sonido que la palabra *bebé,* escribe *Bb* sobre el renglón.

Nombra la figura. Combina el sonido /b/ con el sonido /a/. Luego, escribe la sílaba *ba*. Haz lo mismo con las otras vocales.

| bebé | bola | beso | banana | bata | bate |

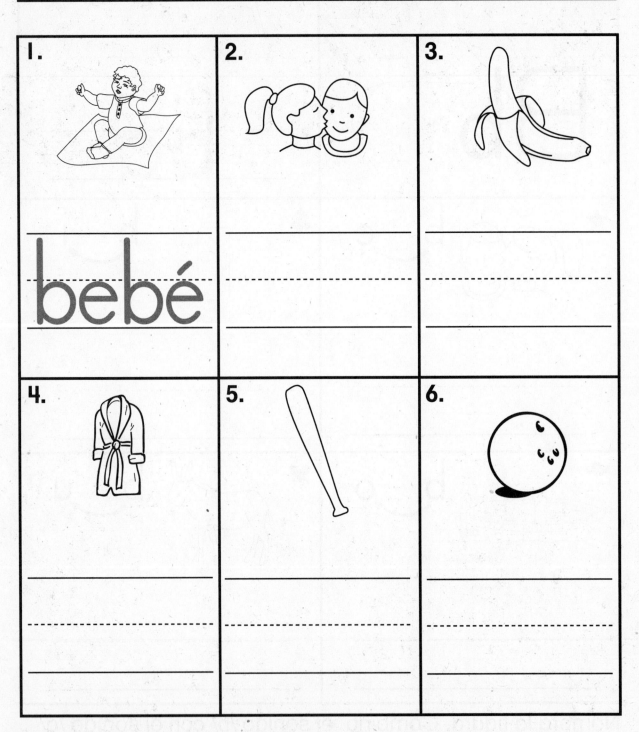

**1.** bebé

**2.**

**3.**

**4.**

**5.**

**6.**

Lee las palabras del casillero superior. Luego, mira los dibujos. Escribe las palabras que nombran cada dibujo.

B

b

Traza y escribe *Bb*. Luego, traza un círculo alrededor de
los dibujos que tengan el sonido /b/ al principio de su
nombre, como la palabra *bebé*.

Traza y escribe *Bb* sobre los renglones.

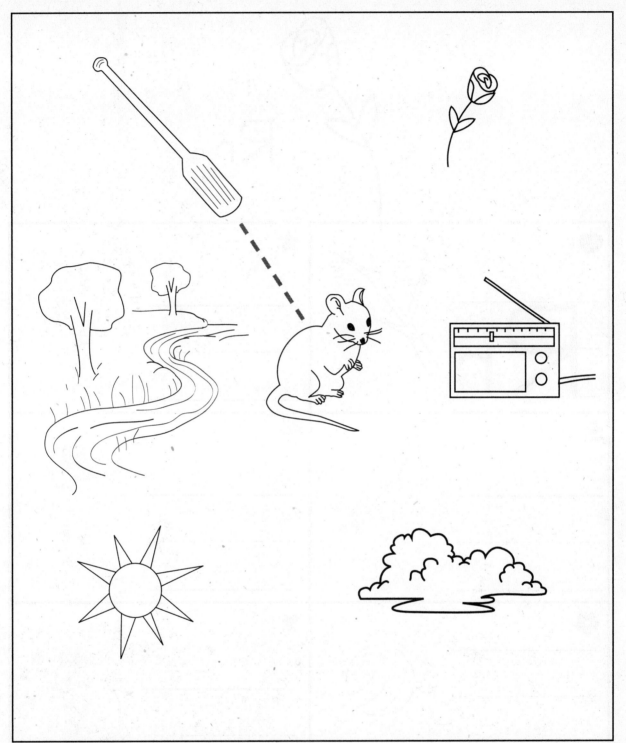

Nombra cada figura. Traza una línea que una los dibujos que tengan el sonido /r/ al principio de la palabra con la figura del ratón.

Rr

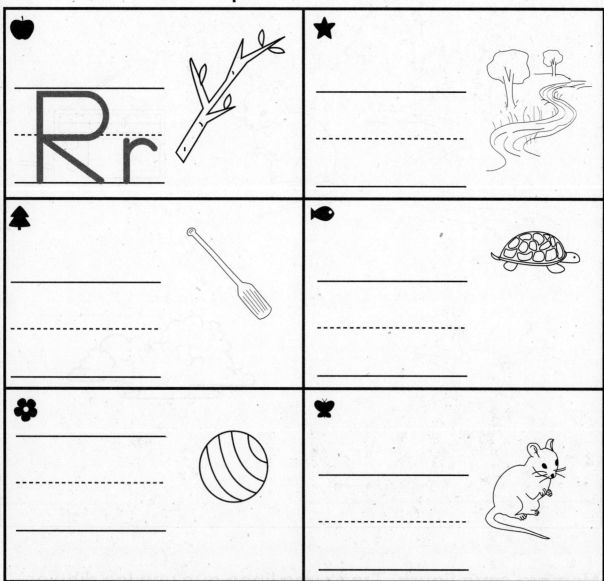

Nombra cada figura. Si la palabra comienza con el mismo sonido que la palabra *rosa,* escribe *Rr* sobre el renglón.

Nombra la figura. Combina el sonido /r/ con el sonido /a/.
Luego, escribe la sílaba *ra.* Haz lo mismo con las otras
vocales.

| rama | rosa | rulo | remo | rana | risa |

**1.**

rama

**2.**

**3.**

**4.**

**5.**

**6.**

Lee las palabras del casillero superior. Luego, mira los dibujos. Escribe las palabras que nombran cada dibujo.

R

r

Traza y escribe *Rr*. Luego, traza un círculo alrededor de los dibujos que tengan el sonido /r/ al principio de su nombre, como la palabra *ratón*.

Nombre ______________________________

Rr

Rr

Rr

Rr

Rr

Rr

Rr

Traza y escribe *Rr* sobre los renglones.

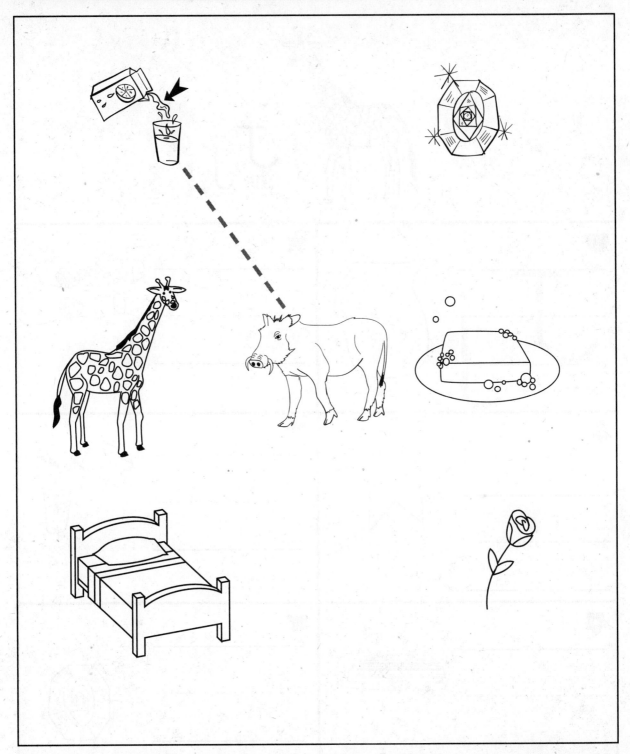

Nombra cada figura. Traza una línea que una los dibujos que tengan el sonido /j/ al principio de la palabra con la figura del jabalí.

J j

Nombra cada figura. Si la palabra comienza con el mismo sonido que la palabra *jirafa,* escribe *Jj* sobre el renglón.

J j

ja

j↷a

ja

j↷e

j↷i

j↷o

j↷u

Nombra la figura. Combina el sonido /j/ con el sonido /a/. Luego, escribe la sílaba *ja*. Haz lo mismo con las otras vocales.

| jota | jirafa | jabón | jabalí | jarabe | jinete |
|---|---|---|---|---|---|

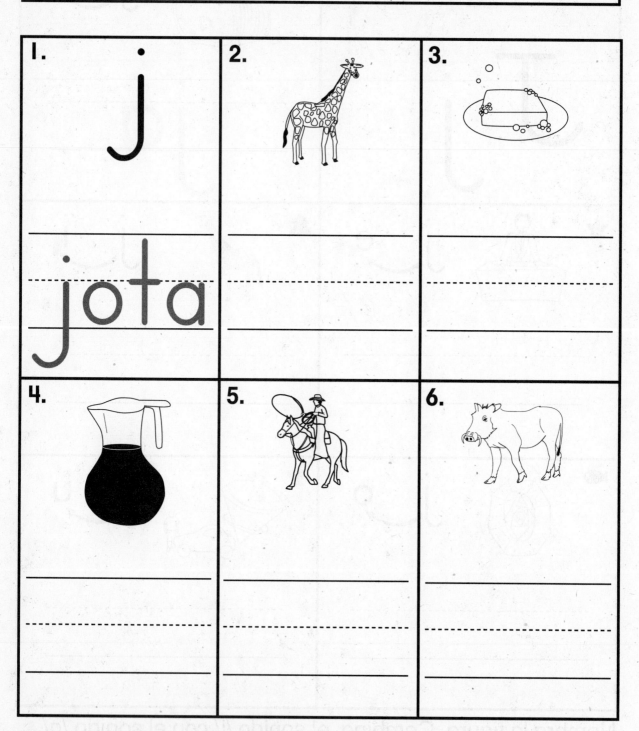

**1.** j

joʈa

**2.**

**3.**

**4.**

**5.**

**6.**

Lee las palabras del casillero superior. Luego, mira los dibujos. Escribe las palabras que nombran cada dibujo.

J

j

Traza y escribe *Jj*. Luego, traza un círculo alrededor de los dibujos que tengan el sonido /j/ en su nombre, como la palabra *jabalí*.

Nombre_____

J J j

J J j

J J j

J J j

J J j

J J j

J J j

J J j

**Traza y escribe *Jj* sobre los renglones.**

Escritura

**Kindergarten** 7

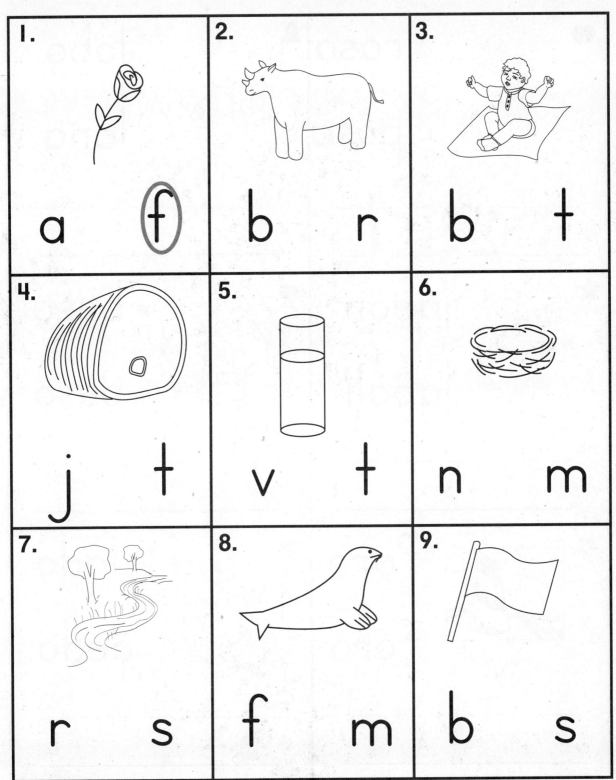

**1.** a   f

**2.** b   r

**3.** b   t

**4.** j   t

**5.** v   t

**6.** n   m

**7.** r   s

**8.** f   m

**9.** b   s

Nombra cada figura. Traza un círculo alrededor de la letra con la que comienza el nombre del dibujo.

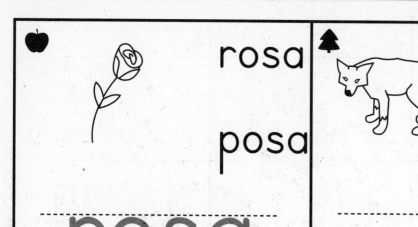

rosa

posa

rosa

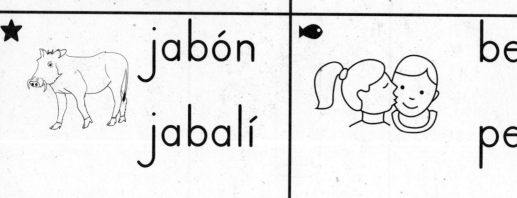

lobo

lana

jabón

jabalí

beso

peso

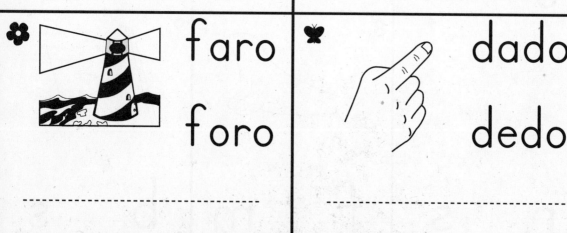

faro

foro

dado

dedo

Lee la palabra. Traza un círculo alrededor de la palabra
que corresponda con el dibujo. Luego, escribe la palabra.

Nombra cada figura. Traza una línea que una los dibujos que tengan el sonido /y/ con la figura del yac.

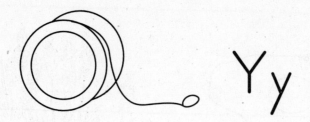

Nombra cada figura. Si la palabra comienza con el mismo sonido que la palabra *yoyo*, escribe *Yy* sobre el renglón.

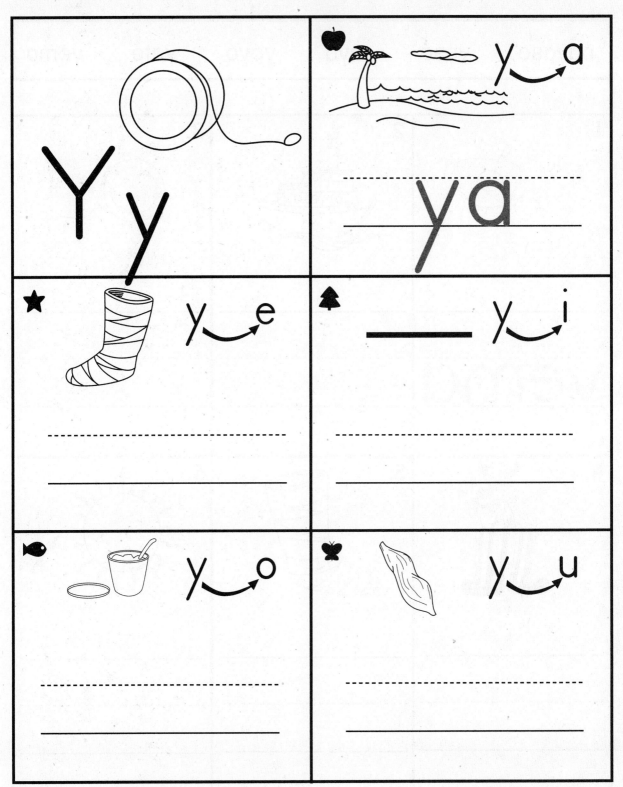

**Y y**

**ya**

Nombra la figura. Combina el sonido /y/ con el sonido /a/. Luego, escribe la sílaba *ya.* Haz lo mismo con las otras vocales.

| payaso | yeso | raya | yoyó | yate | yema |

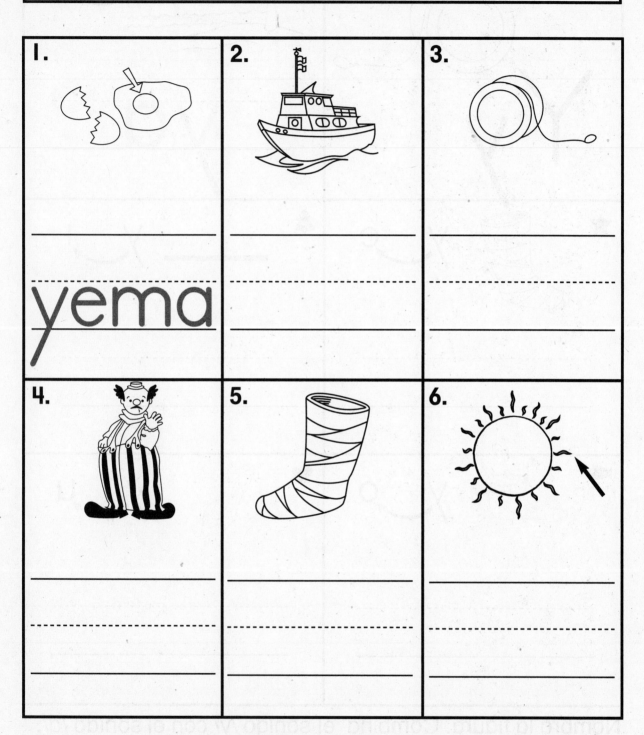

**1.**

yema

**2.**

**3.**

**4.**

**5.**

**6.**

Lee las palabras del casillero superior. Luego, mira los dibujos. Escribe las palabras que nombran cada dibujo.

Y

y

Traza y escribe *Yy*. Luego, traza un círculo alrededor de los dibujos que tengan el sonido /y/ al principio de su nombre, como la palabra *yac*.

Yy
Yy
Yy
Yy
Yy
Yy
Yy

Traza y escribe Yy sobre los renglones.

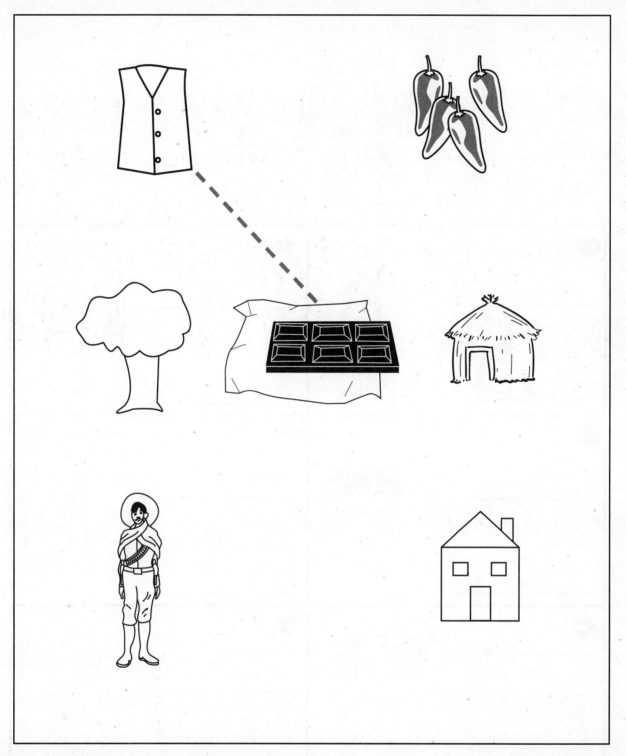

Nombra cada figura. Traza una línea que una los dibujos que tienen el sonido /ch/ con la figura del chocolate.

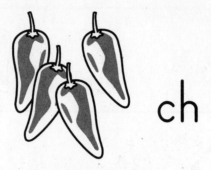

**ch**

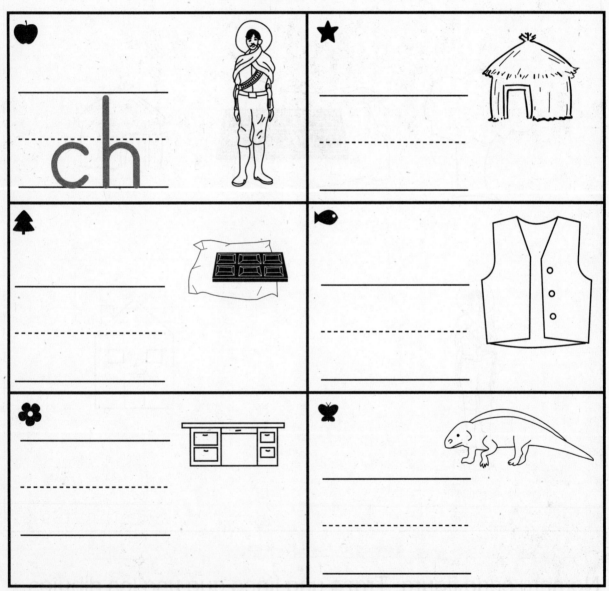

Nombra cada figura. Si la palabra comienza con el mismo sonido que la palabra *chile*, escribe *ch* sobre el renglón.

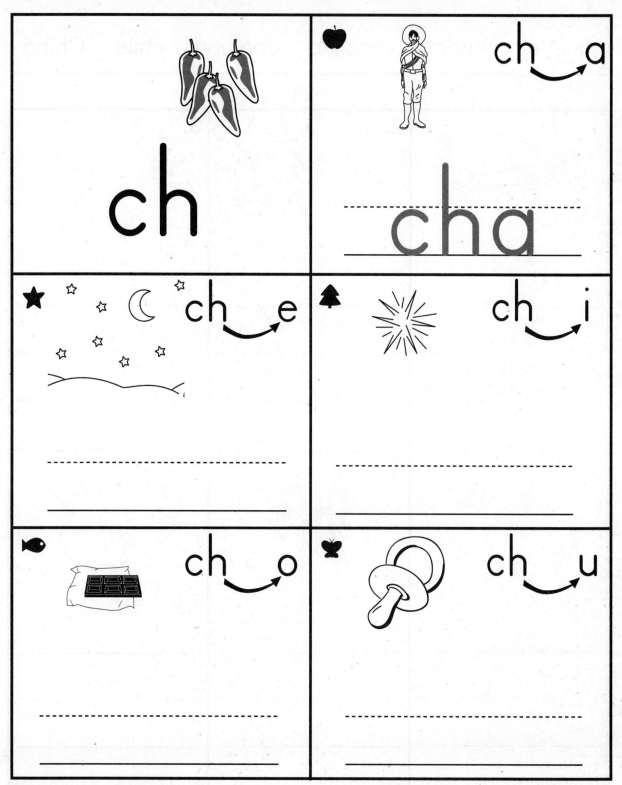

ch

cha

ch e

ch i

ch o

ch u

Nombra la figura. Combina el sonido /ch/ con el sonido /a/.
Luego, escribe la sílaba *cha.* Haz lo mismo con las otras
vocales.

| noche | chupete | chalina | chalupa | chile | China |

**1.**

chalupa

**2.**

**3.**

**4.**

**5.**

**6.**

Lee las palabras del casillero superior. Luego, mira los dibujos. Escribe las palabras que nombran cada dibujo.

Nombre

# Ch
## ch

Traza y escribe *Ch ch*. Luego, traza un círculo alrededor de los dibujos que tengan el sonido /ch/ en su nombre, como la palabra *chaleco*.

Nombre

Chch

Chch

Chch

Chch

Chch

Chch

Chch

Traza y escribe *Ch ch* sobre los renglones.

Nombra cada figura. Traza una línea que una los dibujos que tengan el sonido /ñ/con la figura del ñandú.

Ññ

Nombra cada figura. Si la palabra tiene el mismo sonido que la palabra *ñandú,* escribe *Ññ* sobre el renglón.

Ññ

ñ → a

ña

ñ → e

ñ → i

ñ → o

ñ → u

Nombra la figura. Combina el sonido /ñ/ con el sonido /a/. Luego, escribe la sílaba *ña*. Haz lo mismo con las otras vocales.

| moño | leña | niño | baño | niña | araña |

**1.**

araña

**2.**

**3.**

**4.**

**5.**

**6.**

Lee las palabras del casillero superior. Luego, mira los dibujos. Escribe las palabras que nombran cada dibujo.

Ñ

Ñ

ñ

ñ

Traza y escribe *Ññ*. Luego, traza un círculo alrededor de los dibujos que tengan el sonido /ñ/ al principio de su nombre, como la palabra *ñandú*.

Ññ Ññ Ññ Ññ Ññ Ññ Ññ

**Traza y escribe** *Ññ* **sobre los renglones.**

Nombra cada figura. Traza una línea que una los dibujos
que tengan el sonido /y/ll  con la figura de la llave.

## LI

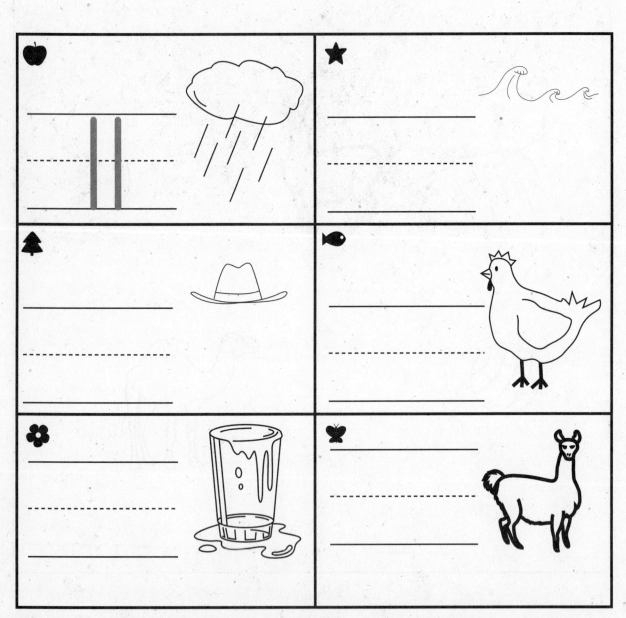

Nombra cada figura. Si la palabra tiene el mismo sonido que la palabra *llave*, escribe *LI* sobre el renglón.

Nombra la figura. Combina el sonido /ll/ con el sonido /a/.
Luego, escribe la sílaba *lla*. Haz lo mismo con las otras
vocales.

| | | | | | |
|---|---|---|---|---|---|
| llama | llave | sello | tallo | olla | pollo |

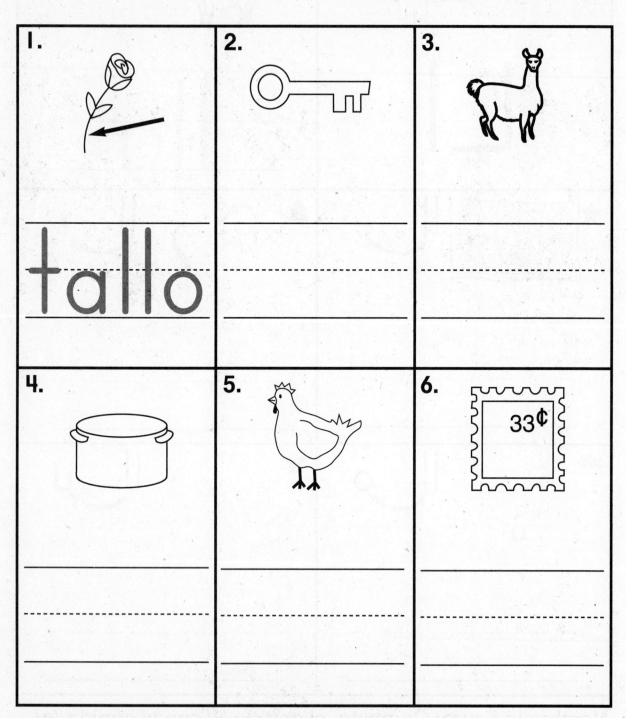

**1.** tallo

**2.**

**3.**

**4.**

**5.**

**6.** 33¢

Lee las palabras del casillero superior. Luego, mira los dibujos. Escribe las palabras que nombran cada dibujo.

Nombre_____

L l

ll

Traza y escribe *L l ll.* Luego, traza un círculo alrededor de los dibujos que tengan el sonido /y/ ll en su nombre, como la palabra *llama*.

**8** Unidad 5
**Kindergarten**

L l ll

L l ll

L l ll

L l ll

L l ll

L l ll

L l ll

Traza y escribe *Ll ll* sobre los renglones.

| | | |
|---|---|---|
| 1. ⓨ t | 2. s ll | 3. ñ t |
| 4. y ch | 5. f r | 6. r s |
| 7. ll t | 8. ch m | 9. r ñ |

Nombra cada figura. Traza un círculo alrededor de la letra con la que comienza el nombre del dibujo.

Nombre _____

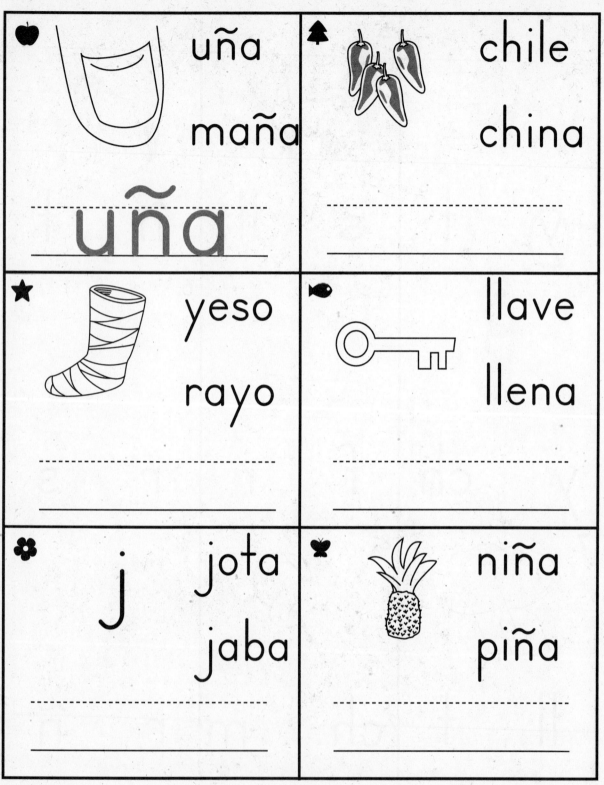

uña
maña

uña

chile
china

yeso
rayo

llave
llena

j
jota
jaba

niña
piña

Lee la palabra. Traza un círculo alrededor de la palabra
que corresponda con el dibugo. Luego, escribe la palabra.

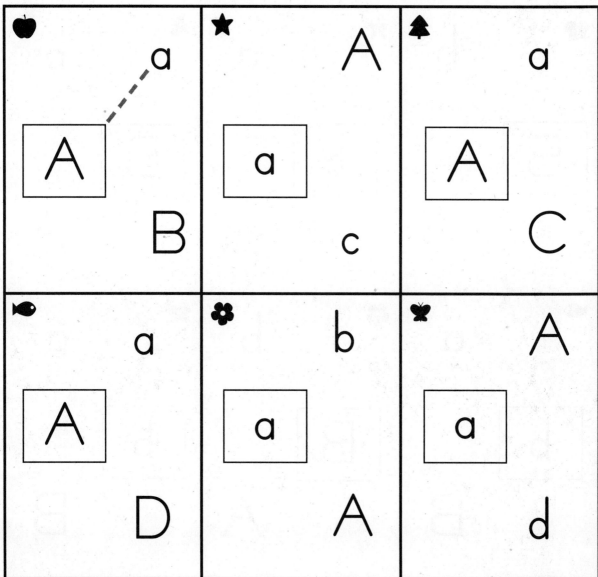

Traza una línea que una las letras compañeras *Aa* en cada casillero.

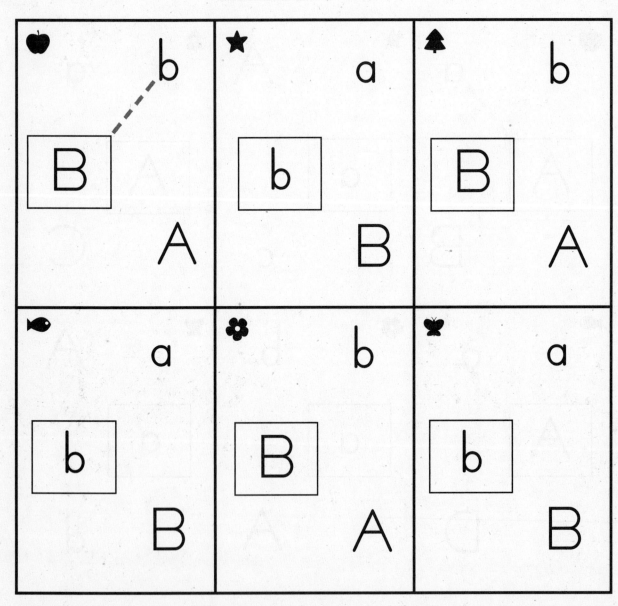

Traza una línea que una las letras compañeras *Bb* en cada casillero.

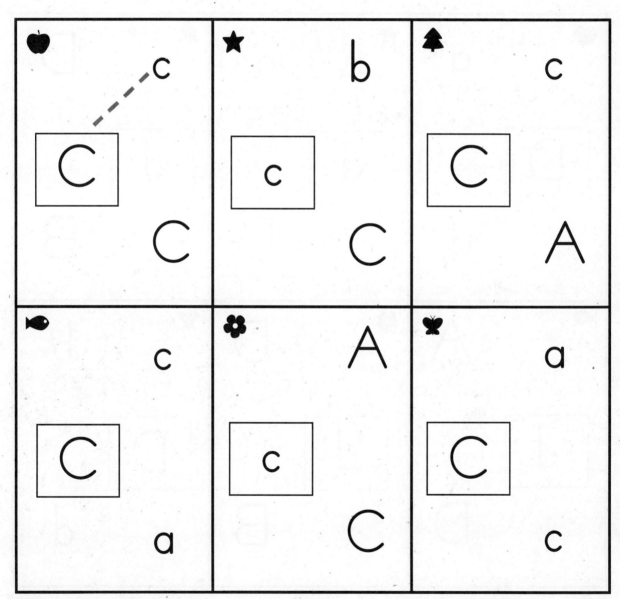

Traza una línea que una las letras compañeras *Cc* en cada casillero.

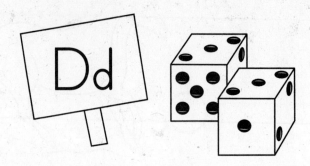

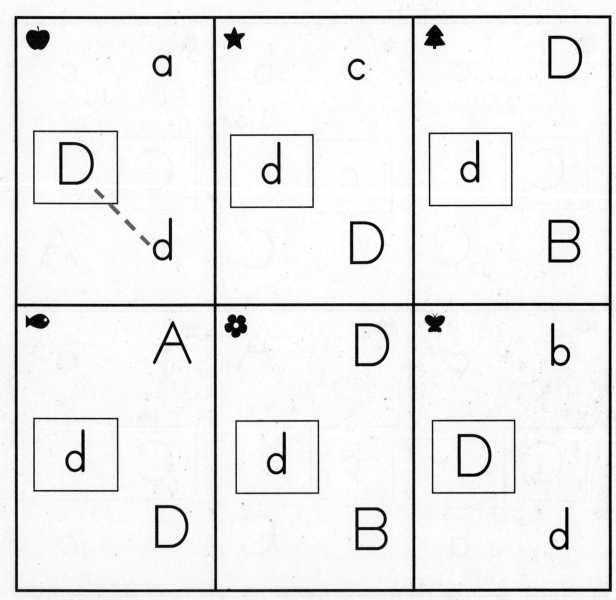

Traza una línea que una las letras compañeras *Dd* en cada casillero.

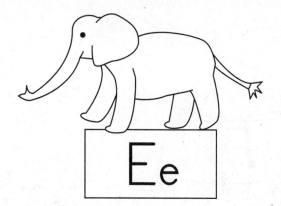

Ee

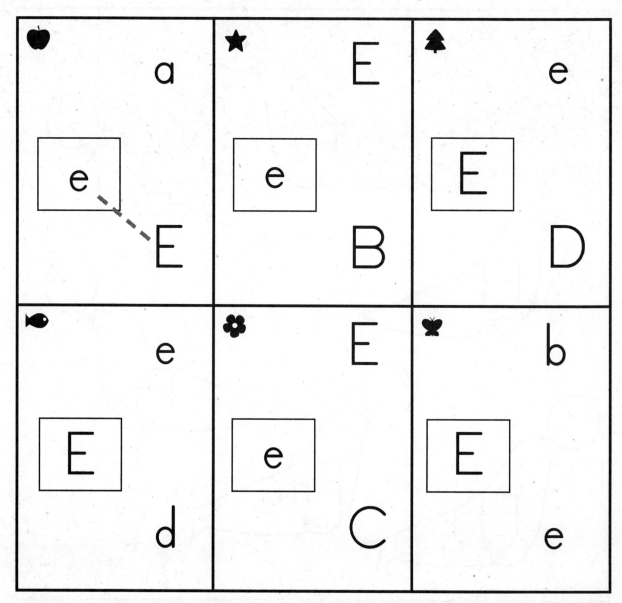

Traza una línea que una las letras compañeras *Ee* en cada casillero.

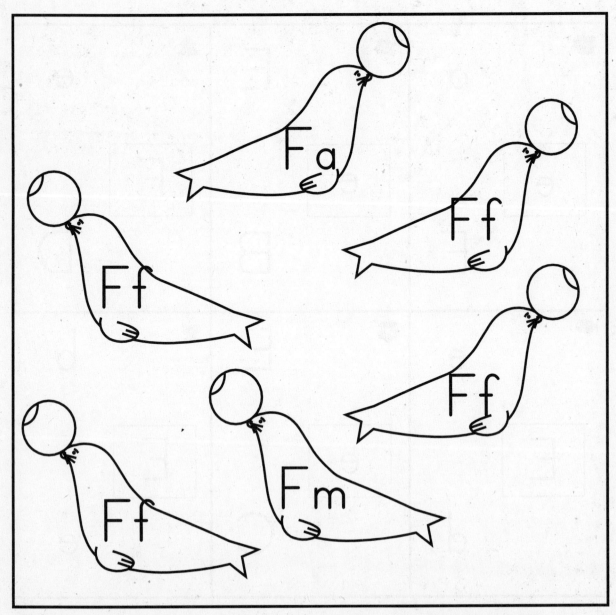

Pinta las focas que tengan las letras compañeras *Ff*.

Gg

Pinta los gatos que estén junto a las letras
compañeras *Gg*.

Hh

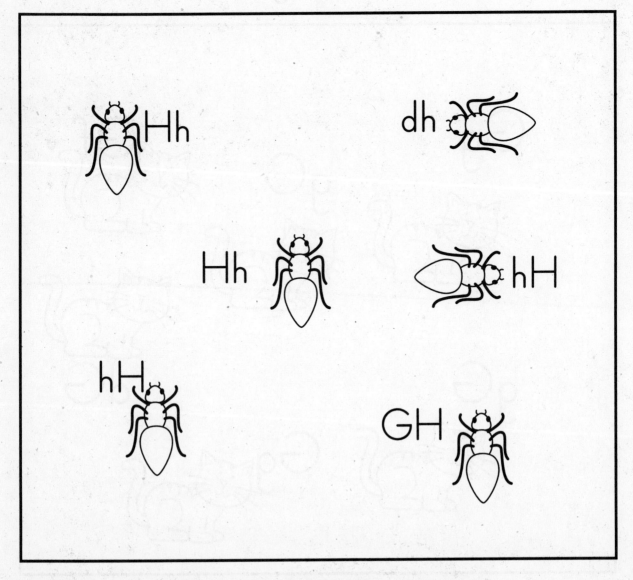

Pinta las hormigas que estén junto a las letras
compañeras *Hh*.

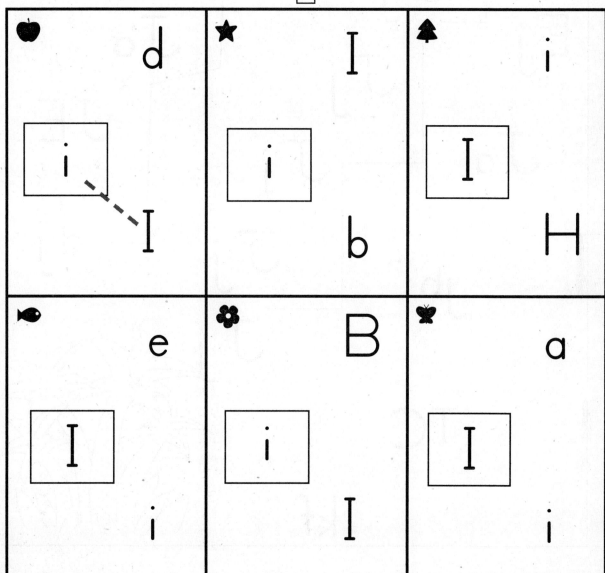

Traza una línea que una las letras compañeras *Ii* en cada casillero.

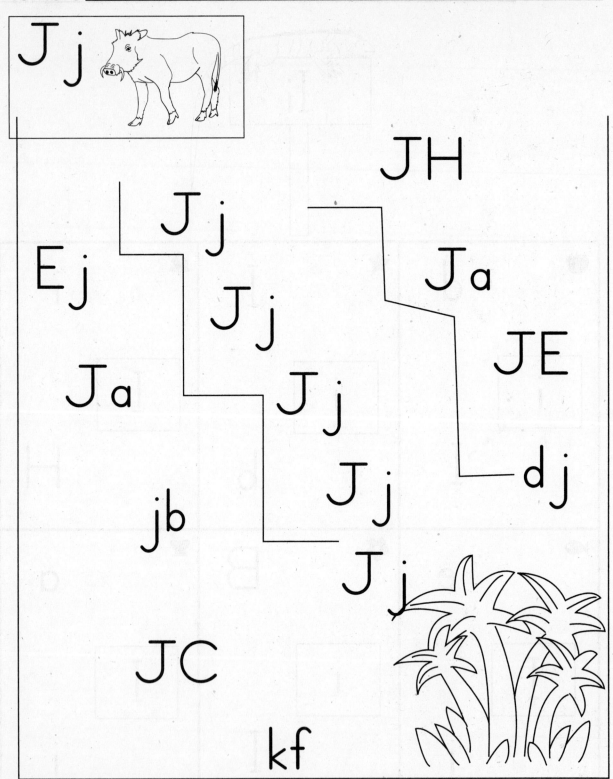

J j

JH

J j

J j

E j

J j

J a

J j

J a

JE

J j

j b

d j

J j

J j

JC

kf

Traza una línea que una las letras compañeras *Jj* para que el jabalí llegue a la selva.

| | | |
|---|---|---|
| **1.** K<br><br>☐k  h<br><br>a | **2.** C<br><br>☐K  k<br><br>B | **3.** k<br><br>☐K  H<br><br>C |
| **4.** k<br><br>☐K  i<br><br>e | **5.** I<br><br>☐k  K<br><br>F | **6.** K<br><br>☐k  J<br><br>G |

Traza una línea que una las letras compañeras *Kk* en cada casillero.

| | | |
|---|---|---|
| 1.    l<br><br>[L]   k<br><br>h | 2.    b<br><br>[L]   A<br><br>l | 3.    c<br><br>[l]   K<br><br>L |
| 4.    b<br><br>[L]   l<br><br>g | 5.    L<br><br>[l]   d<br><br>G | 6.    j<br><br>[l]   E<br><br>L |

**Traza una línea que una las letras compañeras L l en cada casillero.**

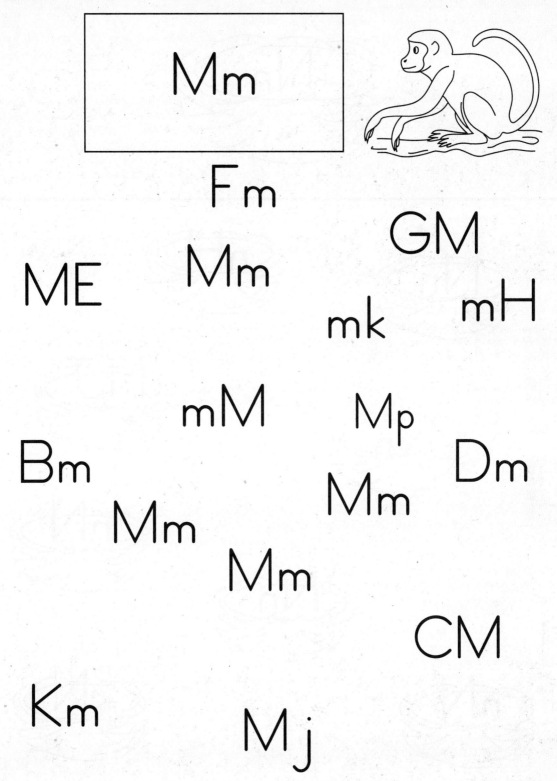

Mm

Fm

GM

ME

Mm

mk

mH

mM

Mp

Bm

Dm

Mm

Mm

CM

Km

Mj

Traza un círculo alrededor de las letras compañeras *Mm*.

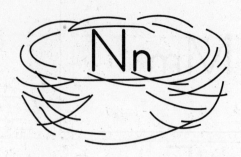

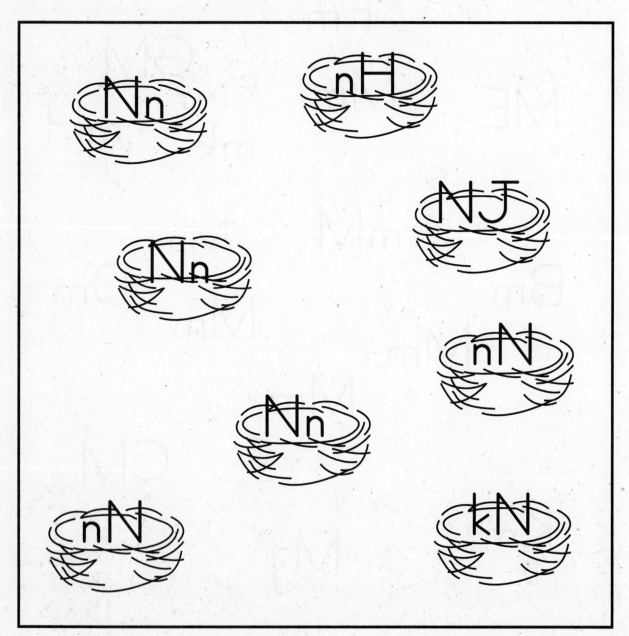

Traza un círculo alrededor de las letras compañeras *Nn*.

Ññ

| | | |
|---|---|---|
| 1. ñ ... Ñ M | 2. Ñ ñ c | 3. ñ Ñ D |
| 4. Ñ Ñ f | 5. e ñ Ñ | 6. Ñ ñ G |

**Traza una línea que una las letras compañeras _Ññ_ en cada casillero.**

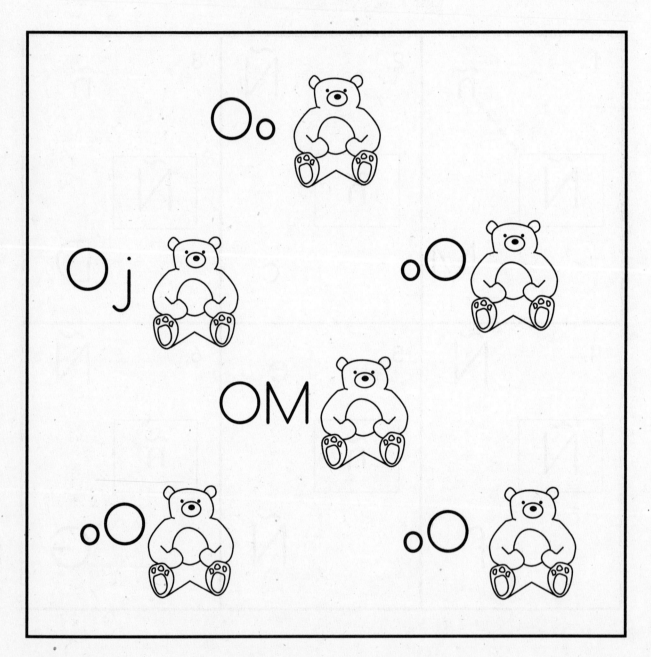

Pinta los osos que estén junto a las letras *Oo*.

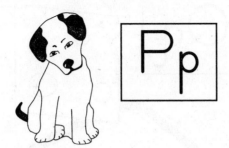

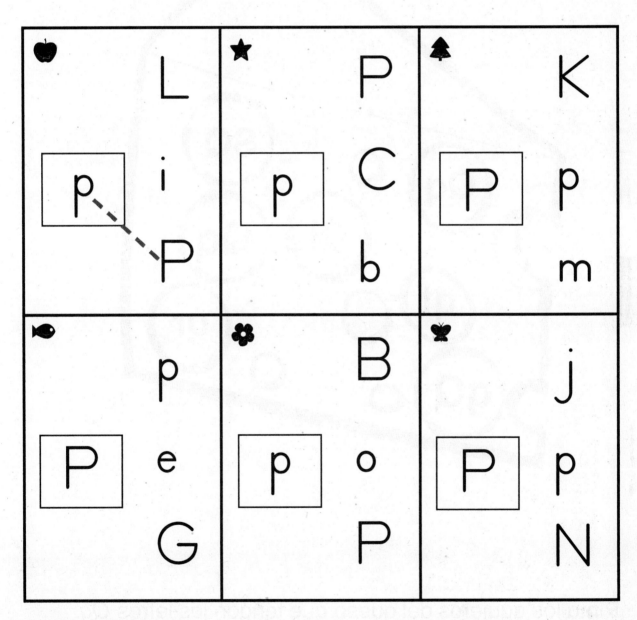

Traza una línea que una las dos letras compañeras *Pp* en cada casillero.

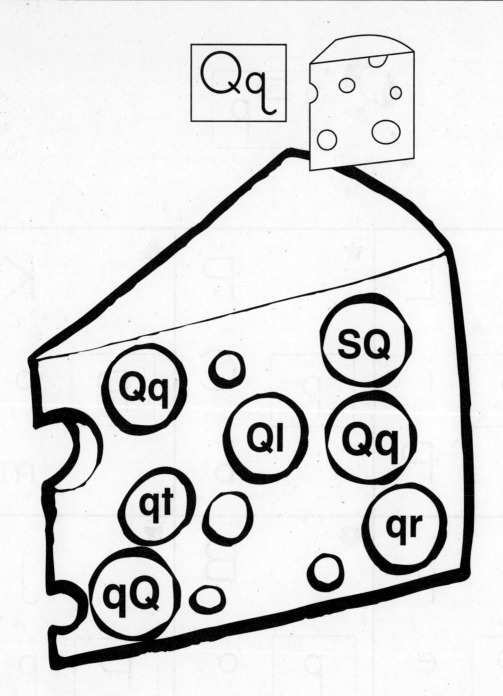

Pinta los agujeros del queso que tengan las letras *Qq*.

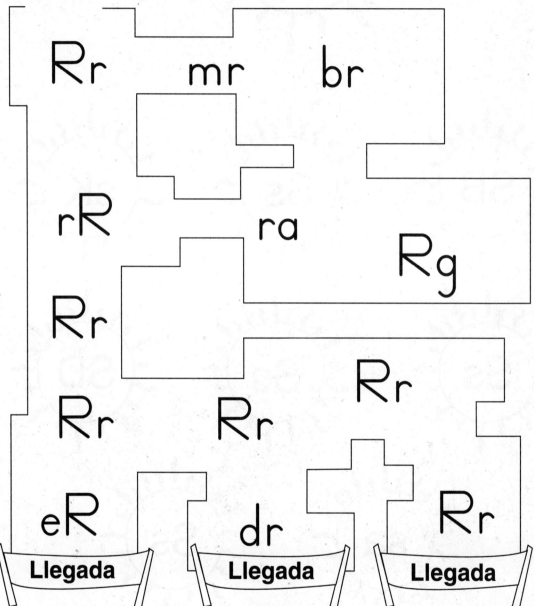

Traza una línea que una todas las letras compañeras *Rr* para que el ratón salga del laberinto.

Pinta los soles que tengan las letras Ss.

Tt

Tt    tT    Tt

ts

pt

Tt

tT

TM    Tg

ht    bt

q t    tr    ts

Ayuda a la tortuga a llegar a dónde está el sapo. Traza una línea por el caminito que una las letras *Tt*.

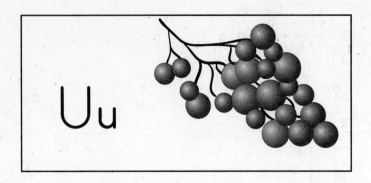

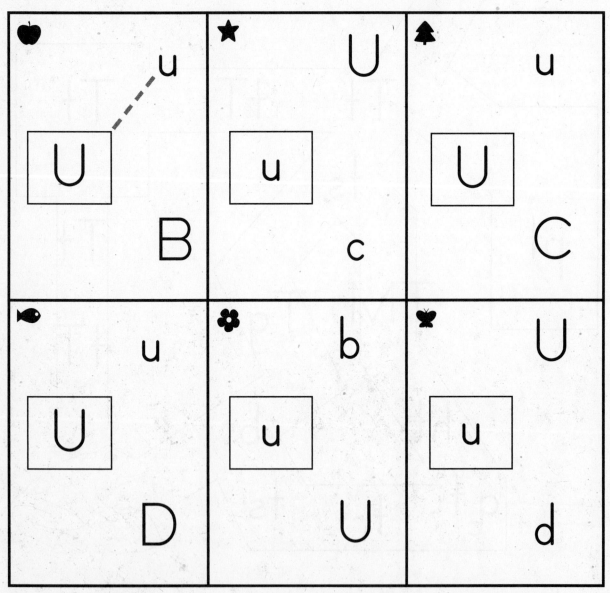

Traza una línea que una las dos letras compañeras en cada casillero.

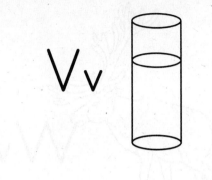

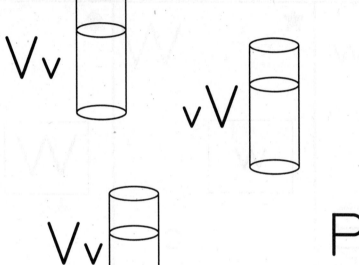

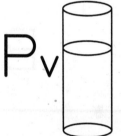

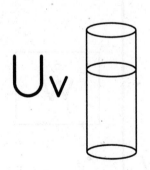

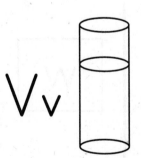

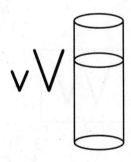

Pinta los vasos que tengan las letras compañeras *Vv* en cada uno.

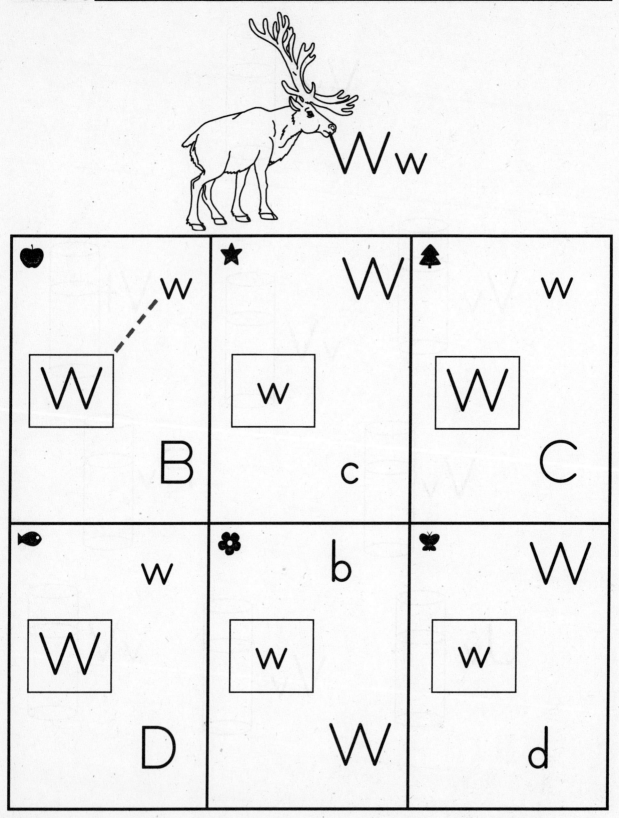

Ww

Traza una línea que una las dos letras compañeras en cada casillero.

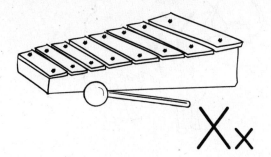

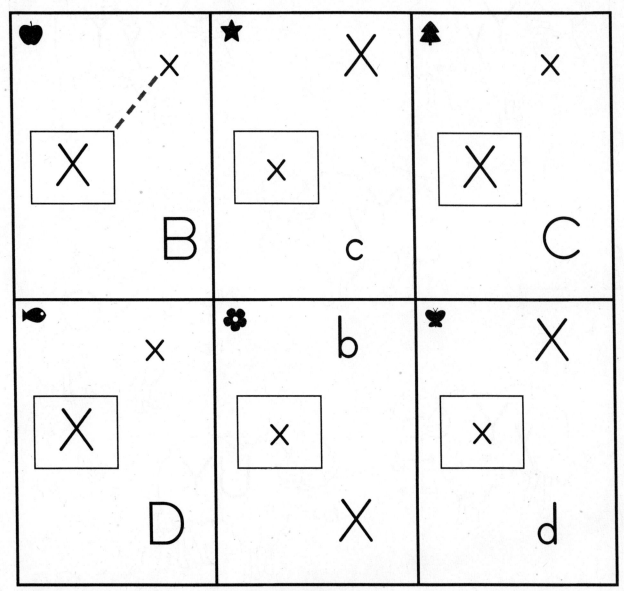

Traza una línea que una las dos letras compañeras en cada casillero.

Traza un círculo alrededor de cada yak que tenga las letras compañeras *Yy*.

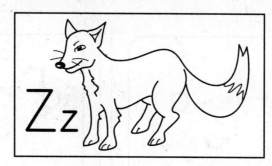

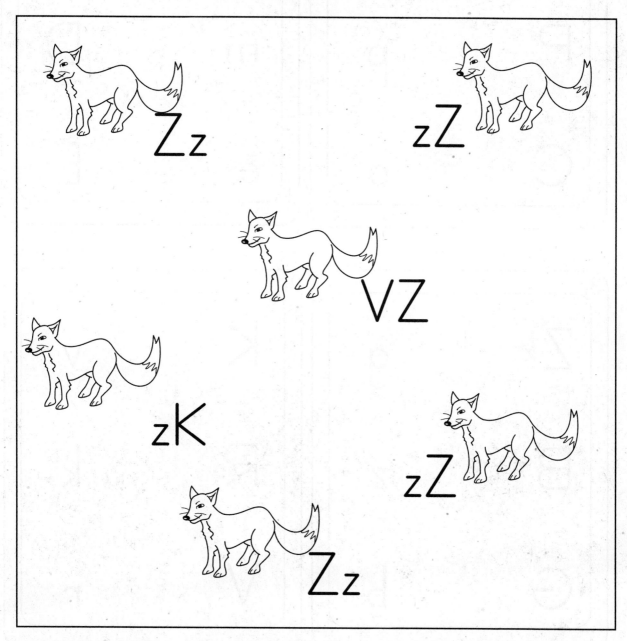

Traza un círculo alrededor de los zorros que estén junto a las dos letras compañeras Zz.

1.
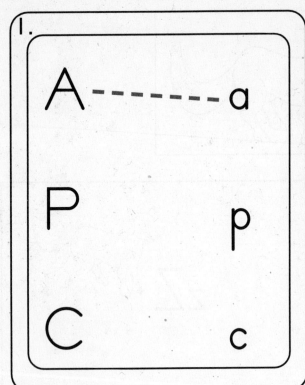

2.
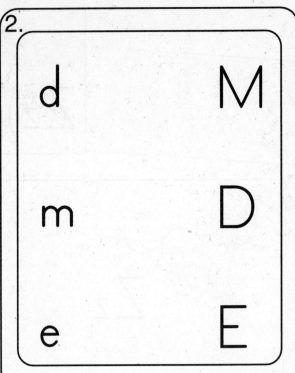

3.
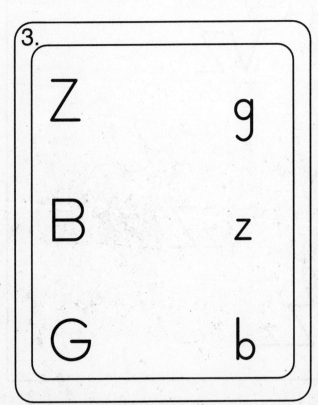

4.
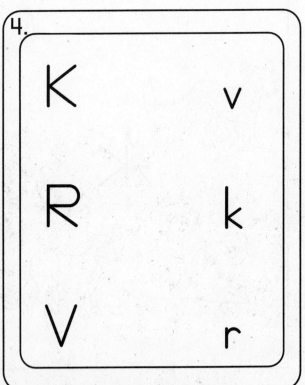

Traza una línea que una las dos letras compañeras en cada casillero.

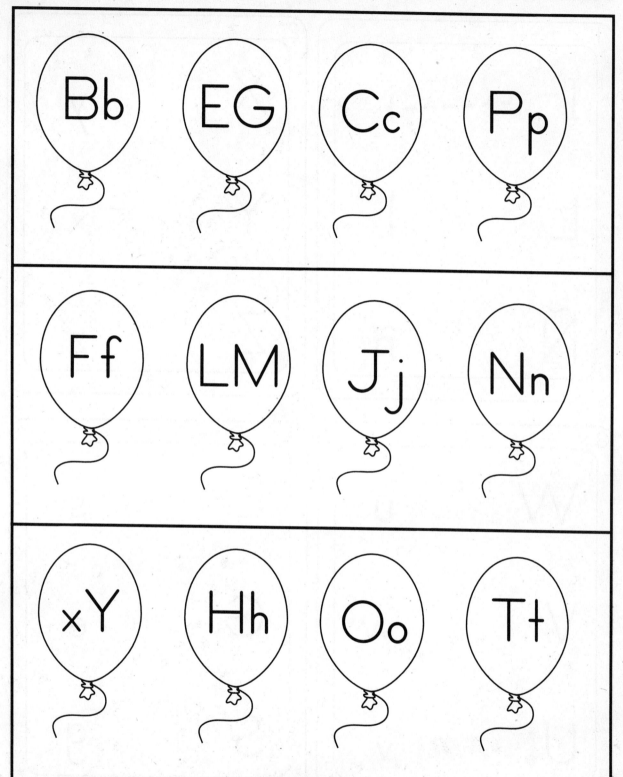

Traza una cruz sobre las dos letras compañeras en cada globo.

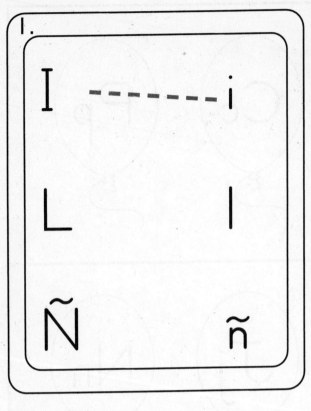

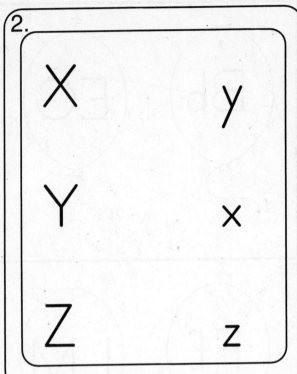

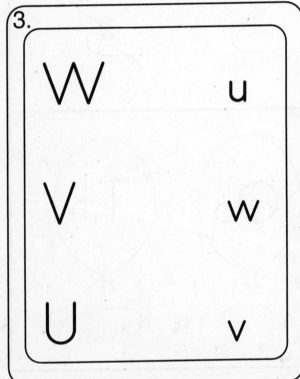

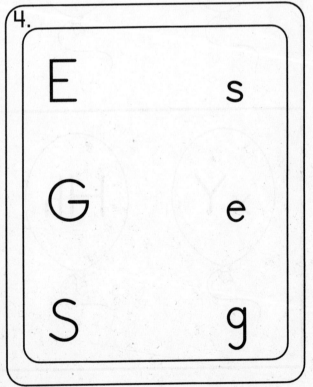

Traza una línea que una las dos letras compañeras en cada casillero.

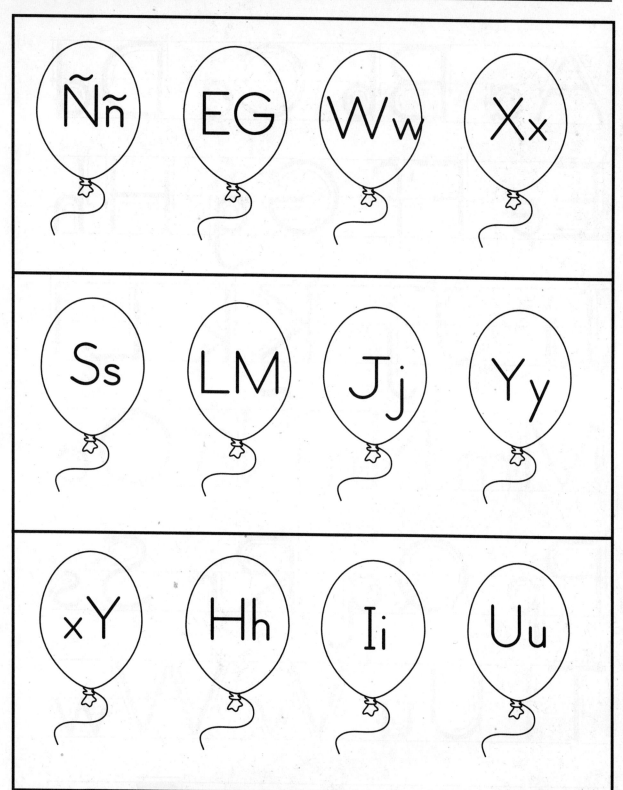

Traza una cruz sobre las dos letras compañeras en cada globo.

Nombre_____

# Mis palabras

Nombre_____

## Mis palabras

Nombre_____

# Mis palabras

Nombre_____

## Mis palabras

Nombre_____

# Mis palabras

# Mis palabras

Nombre_____

# Mis palabras

_____

- - - - - - - - - - - - - - - - - - - - - - - - - - - - - - - -

_____

_____

- - - - - - - - - - - - - - - - - - - - - - - - - - - - - - - -

_____

- - - - - - - - - - - - - - - - - - - - - - - - - - - - - - - -

_____

_____

- - - - - - - - - - - - - - - - - - - - - - - - - - - - - - - -

_____

_____

- - - - - - - - - - - - - - - - - - - - - - - - - - - - - - - -

_____

_____

- - - - - - - - - - - - - - - - - - - - - - - - - - - - - - - -

_____